スペイン修道院の食卓
歴史とレシピ

スサエタ社［編］　五十嵐加奈子、丸山永恵［訳］

ATLAS ILUSTRADO DE
LA COCINA DE CONVENTOS y MONASTERIOS

原書房

CONTENTS

5  　修道院　一覧

7  　献立　一覧

10  　はじめに　修道院のキッチン

14  　アンダルシア　　　Andalucía

34  　アラゴン　　　Aragón

46  　アストゥリアス　　Asturias

58  　バレアレス諸島　　Baleares

66  　カナリア諸島　　Canarias

74  　カンタブリア　　Cantabria

86  　カスティーリャ=ラ マンチャ　Castilla-La Mancha

102	カスティーリャ イ レオン	Castilla y León
118	カタルーニャ	Cataluña
138	バレンシア	Comunidad Valenciana
154	エストレマドゥーラ	Extremadura
166	ガリシア	Galicia
182	ラ リオハ	La Rioja
198	マドリード	Madrid
210	ムルシア	Murcia
218	ナバラ	Navarra
234	バスク	País Vasco

献立　ページ順　　246　　修道院名　ABC順　　250
献立　50音順　　248　　訳者あとがき　　253

修道院　一覧

アストゥリアス
- サンタ マリア デ バルデディオス修道院 —— 46
- サン フアン デ コリアス修道院 —— 50
- サン ペドロ デ ビリャヌエバ修道院 —— 54

アラゴン
- ベルエラ修道院 —— 34
- サン フアン デ ラ ペーニャ修道院 —— 38
- ピエドラ修道院 —— 42

アンダルシア
- ラ ラビダ修道院 —— 14
- ヌエストラ セニョーラ デ ロレート修道院 —— 18
- サンタ マリア デル ソコーロ修道院 —— 22
- サンタ クララ デ モゲル修道院 —— 26
- サン クレメンテ デ セビーリャ修道院 —— 30

エストレマドゥーラ
- グアダルーペ修道院 —— 154
- ユステ修道院 —— 159
- テントゥディア修道院 —— 162

カスティーリャ イ レオン
- シロス修道院 —— 102
- サン マルコス修道院 —— 106
- サンタ クララ修道院 —— 110
- サンクティ スピリトゥス修道院 —— 114

カスティーリャ=ラ マンチャ
- サン パブロ修道院 —— 86
- サン フランシスコ修道院 —— 90
- サン フアン デ ロス レイエス修道院 —— 94
- インマクラダ修道院 —— 98

カタルーニャ
- ポブレー修道院 —— 118
- バルボナ修道院 —— 122
- モンセラート修道院 —— 126
- リポル修道院 —— 130
- ペドラルベス修道院 —— 134

カナリア諸島
- サンタ カタリナ デ シエナ修道院 —— 66
- サンタ クララ デ アシス修道院 —— 70

ガリシア
- サント エステボ修道院 —— 166
- サンタ マリア ラ レアル デ オセイラ修道院 —— 170
- サンタ マリア デ ベルビス修道院 —— 174
- サン フリアン デ サモス修道院 —— 178

カンタブリア
- サンティリャーナ デル マルのクララ修道会 —— 74
- サン セバスティアン デ アノ修道院 —— 78
- ビアセリ修道院 —— 82

ナバラ
- ラ オリーバ修道院 —— 218
- フィテロ修道院 —— 222
- サンタ エングラシア デ オリテ修道院 —— 226
- サン サルバドール デ レイレ修道院 —— 230

バレアレス諸島
- レアル カルトゥハ デ バルデモッサ修道院 —— 58
- ビルヘン デル トロ修道院 —— 62

バスク
- サンタ クララ デ ゲルニカ修道院 —— 234
- サンタ クララ デ サラウツ修道院 —— 238
- アランサス修道院 —— 242

バレンシア
- サンタ マリア デ ラ バルディグナ修道院 —— 138
- プッチ王立修道院 —— 142
- サン ヘロニモ デ コタルバ王立修道院 —— 146
- トリニダード王立修道院 —— 150

マドリード
- エル エスコリアル修道院 —— 198
- デスカルサス レアレス修道院 —— 202
- アルカラのアグスティナス修道会 —— 206

ムルシア
- ロルカのクララ修道女会 —— 210
- 聖地カラバカ デ ラ クルス —— 214

ラ リオハ
- スソ修道院 —— 182
- ユソ修道院 —— 182
- バルバネラ修道院 —— 186
- サンタ マリア ラ レアル修道院 —— 190
- カニャス修道院 —— 194

献立 一覧

野菜と豆

アーティチョークの詰め物	16
野菜のキッシュ	36
ジャガイモとルリジサのシチュー	41
野菜のトマトソースかけ	60
ヒヨコ豆と牛肉・鶏肉の煮込み	68
ラ マンチャ風　野菜の炒め煮	93
白インゲン豆のサラダ	97
ピーマンの野菜詰め	97
ラ マンチャ風　ヒヨコ豆のポタージュ	100
白インゲン豆とアサリのスープ	120
ポロネギのスープ	132
インゲン豆と野ウサギのシチュー	132
エストレマドゥーラ風　ホワイトガスパチョ	161
ナスの詰め物トマトソースがけ	165
アーティチョークのハムエッグ	184
ジャガイモのラ リオハ風	193
アウグスト会風　ジャガイモのグラタン	201
カリフラワーのグラタン	212
エンドウ豆とアーティチョークの白ワイン煮	216
アーティチョークの煮込み	232
ジャガイモの肉詰め	236

スープとポタージュ

アラゴン風　レンズ豆のスープ	40
アストゥリアス風　白インゲン豆の煮込み	49
修道会風　インゲン豆とシバエビのクリームスープ	84
スペイン風　リエット	89
カボチャのポタージュ	105
トマトと野菜のスープ	156
前夜祭（精進の日）のポタージュ	157
ベネディクト会風　ポタージュ	168
ムール貝のスープ	181
ニンニクと魚のスープ	181
牛の胃袋とヒヨコ豆の煮込み	204
オニオンスープ	208
修道女のスープ	221

パスタと米

パスタのスープ	21
ライスコロッケ	112
修道院風 パエリヤ	141
イカスミのパエリヤ	144

魚介

小エビのトルティーリャ	16
メルルーサとアサリのスープ	20
アナゴのシチュー	44
カサゴのパステル	48
メルルーサのリンゴ酒煮	56
修道士の焼きイワシ	80
干しタラの肉団子	112
スズキのロメスコソース	121
シトー会風 干しタラのムニエル	124
イワシのパン粉焼き	125
アンコウの焦がしニンニクソース	137
バレンシア風 魚と野菜のマリネ	149
魚のシチュー	152
ユステ風 干しタラのグラタン	160
タコのガリシア風	172
鱒のバルバネラ風	188
干しタラのトマト煮	200
キンメダイの蒸し焼き	217
修道院風 アナゴのシチュー	224
メルルーサのスペイン風天ぷら	237

卵

エッグベネディクト	53
カプチン会風 卵のフライ	81
アーティチョークのオムレツ	228

デザート

スペイン版マカロン　レブハイートス	24
ソコーロ風　マドレーヌ	25
卵黄プリン　天国のベーコン	29
サンタクララ風クッキー	29
松の実のマジパン	32
スペイン版　フレンチトースト	33
クーランショコラ	44
お米のミルクスイーツ	57
メノルカ風　渦巻きパン	65
スペイン風　チーズケーキ	76
カンタブリア風　カステラ	77
ひとくちドーナツ　修道女の溜息	88
スペイン風パイ　聖ウイリアムの縄	108
天使のひとくち　金糸瓜のジャム入りクッキー	116
サツマイモとアーモンドのクッキー	117
パネジェッツ　カタルーニャ伝統菓子	136
洋ナシのワイン煮	141
バレンシア風　フルーツケーキ	144
バレンシア風　スポンジケーキ	148
エストレマドゥーラ風　花型ドーナツ	164
サンティアゴのケーキ	169
ベルビスのクッキー	176
ベルビスのアーモンドクッキー	177
修道士の耳たぶ　揚げ菓子	184
バルバネラ風　クアハーダ	189
修道院風　プディング	197
聖者のドーナツ	205
チョコレートとビスケットのトリュフ	208
ココナッツクッキー	213
シトー会の栄光　ドーナツパイ	225
極上バスク風　カスタードプディング	245

肉と鶏

仔羊の肉団子	37
地鶏とジャガイモの煮込み	52
豚足の煮込み	60
レバーの煮込み	69
ウサギのスパイス風味	72
仔山羊のスパイス風味	73
レバーの炒め物	85
ヤマウズラのマリネ	92
鳩肉の詰め物	101
シロス風　仔羊のシチュー	104
仔羊のオーブン焼き	109
地鶏と手長エビのシチュー	128
鳩肉の包み焼き	129
豚ロース肉のパイ	173
仔羊のシチュー	192
ウサギの香草蒸し焼き	197
クリスマスのローストチキン	220
聖エングラシア風　ひき肉とジャガイモの包み揚げ	228
仔羊肉の香草シチュー	233
「老いた雌鶏」のコロッケ	240
ウサギのオーブン焼き	241
仔羊のチリンドロンソース煮	244

はじめに
修道院のキッチン

　スペインでの修道院の伝統料理には長い歴史があり、発祥は中世にまでさかのぼる。当時の修道院は社会的にだけでなく、経済的にも大きな力を振るっていた。その多くが広大な土地を所有し、修道院のために働き田畑や家畜の世話をする使用人を多数抱えていた。つまり食材は豊富にあった。野菜しかり、肉しかり、また魚を養殖する池のある修道院もあった。

　一方、当時はまだホテルなどの宿泊施設が無く、旅行者や巡礼者が宿泊できる唯一の施設が修道院だった。そうした文化を書物や羊皮紙に記録して大切に残していた。今日まで残る初期の料理レシピが、修道士らによって書き残されていることも当然のことといえよう。たとえば中世のレシピ本にカタルーニャ語で記された『セン ソビの書　*Llibre del Sent Soví*』（1324）があるが、本のタイトルに聖人（スペイン語ではサン サルビオ）の名前を選んでいることから、著者は聖職者であろうと考えられている。

　さらに特筆すべきもうひとつの点は、当時の修道会が「新世界」遠征の最前線にあったということである。大西洋の向こうから運ばれてくる数々の新しい野菜を、スペインで初めて栽培したり使用したのが修道院だったのである。ジャガイモ、トマト、ピーマンやパプリカ、またカカオ、バニラという新しい食材がさっそく料理に取り入れられ、今日へとつながっている。たとえば初期の遠征隊員ルイス・デ・トーレスが「マイス（トウモロコシ）」と呼ばれる新しい穀物の存在を記しているが、その栽培はすぐに南ヨーロッパ全体へと広がっていった。同じことはチョコレートについてもいえる。知られている限り、ヨーロッパで初めて精製したのは、サラゴサにあるピエドラ修道院のトラピスト修道士たちの手によるものだった。

　修道院は多くの場合、貴族と密接なつながりをもち、隠退の場となったり（カール5世のユステなど）、娘や未亡人の避難所でもあった（マドリードのデスカルサス レアレス修道院やセビリアのサン クレメンテ デ セビーリャ修道院など）。貴族の中には、カール5世のように魚、肉、甘い菓子に目が無い「大食漢」として知

修道院のレシピを特徴づけているものといえば、それは菓子づくりに対する細心の配慮であろう。この伝統のおかげでいくつもの修道院が破産の危機を乗り越え、今でもその維持に役立っている

修道院でつくられる菓子は、その原材料の質の高さと、菓子づくりに注がれる愛と優しさが際立っている

られる人々もいる。そんな食いしん坊たちとの付き合いが、修道士たちの才を花開かせ、タラのユステ風やうなぎのパステルなど、今日まで受け継がれる料理が創作された。

また貴族の子女は、ただ腹を満たすための料理ではなく、選り抜きの食材を好んだ。それが修道院で洗練されたレシピが生まれるきっかけともなったにちがいない。たとえばチキンの詰め物、マスのマリネ、「王家のおやつ」(バリャドリッドの聖クララ会修道院に王族が訪れた時にもてなした) などが一例である。

修道院の歴史で大きな転換期となったのは、永代所有財産解放令の時代 (18世紀後半〜20世紀初頭) であり、この時に教会の財産の多くは民間や国家の手に渡った。本書で紹介している修道院のいくつかが、現在ではパラドール (高級宿泊施設網) や公的機関となっているのもこのためなのだ。しかし、たとえ役目は変わろうとも、修道院の歴史的・文化的価値の高さに変わりはない。また、栄華や壮麗を誇った修道院は、今日でもその土地の料理に密接に関わっている

修道院のレシピでは、卵黄が豊富に使われているが、そもそもは残り物の有効活用に起因する。修道院では宗教画や額縁に金箔を貼る作業をよく行うのだが、その時に卵白を使っていた。

ことを忘れてはならない。本書ではさまざまな地域のシチュー、オムレツ、スープなど一般的なレシピも取り上げているが、読者は驚かないでほしい。それこそが、宗教的存在である修道院の味わいなのである。数々のレシピを紹介する中、多くの場合はっきりとした宗教的な起源は記していないが、すべては、取り上げている修道院の代表的な料理の一例である。

スペインでは、召命 (神に選ばれて救いを与えられること、聖職者として使命を与えられる) を受ける者が足らず、多くの修道院が遠く離れた国々、特にイベロアメリカやアフリカから修道士や修道女の「輸入」を余儀なくされている

修道院の食事

　中世の修道院の食事は、健康的ではあるものの非常に単調であった。たいていは庭でとれた野菜を大鍋で調理し、ひと切れのベーコンやラードで味付けをして食べていた。パン一切れ、ワイン一杯が与えられることもあった。肉や魚を食べられるのは、日曜と特別な行事の日に限られた。修道士と修道女はそれぞれ食堂に集まり、一人が聖書を読みあげる中、黙々と食事をとった。右は、ロレンツェッティがフレスコ画で表わした院内の食事風景。

中世の修道院

　修道院の中心となる建物は聖堂であり、地域の経済力に比例して比較的大きな建物だった。中庭と噴水を囲む建物、つまり回廊が修道院生活の中心となる。平和と静寂に包まれたなかで修道士は瞑想し、何がしかの愉しみを見つけていた。「写本室」では聖書を書き写し、挿絵をほどこした。こうした手稿本は図書館に保管されたり、あるいは王室や貴族に売られたり贈られたりした。敷地内には台所、寝室、食堂、参事会室などもあった。

　修道院は自給自足で、果樹園や農園を擁していた。そこで作業する農民が必要であり、つまり修道院は、大土地所有者——領主としても機能していた。同時に修道士は、仕立て屋、靴職人、職工、大工、石工などさまざまな仕事にも従事していた。こうした肉体労働は、「オーラー エト ラボーラー（祈り、そして働け）」というモットーにのっとり精神の鍛練として重要と考えられていたのである。

アンダルシア

ラ ラビダ修道院

Monasterio de La Rábida

　15世紀初頭、ラ ラビダにはすでにフランシスコ会が存在していた。それを裏付けるのは、1412年に教皇ベネディクトゥス13世（ローマ教皇に対抗して擁立された教皇）が下した、その地に聖堂と修道院を建てる許可を与える勅書である。以来、ラ ラビダ修道院にはもっぱらフランシスコ会修道者が居住していた。その後、スペインの首相フアン・アルバレス・メンディサバルが出した永代所有財産解放令（メンディサバル法）によって中断するものの、1920年にはフランシスコ会への返還を命じる勅令が執行され、修道院が再開する。その勅令は、首相カノバス・デル・カスティーリョの提案により、摂政マリア・クリスティーナ（幼王アルフォンソ13世の母親）が1892年10月12日に署名したものである。

バリア海賊のたえまない攻撃から逃れる隠遁所にしようとした。

何世紀もの歴史

　人々が集まる要衝であったラ ラビダ修道院にはさまざまな考古学的遺物が残され、ある部屋には、フェニキア人、ローマ人、ムワッヒド朝、西ゴート族の足跡を示す品々が展示されている。キリスト教の時代になると、地域住民はこの修道院に特別な意味を与え、そこをバル

見開きの写真3枚は、ラ ラビダの異なる姿を示している。中央の1枚は修道院の全体像。左上の1枚はムデハル様式の美しい回廊。右上の1枚は「コロンブスの部屋」

旅立ちまでの待機場所

コロンブスが新大陸へ向けて旅立つ前、準備の最終段階で重要な役割を果たしたのが、ラ ラビダ修道院のふたりの修道士、アントニオ・デ・マルチェナとフアン・ペレスだった。特にマルチェナは、スペインにおいてコロンブスが最も信頼していた人物である。天文学が大好きなマルチェナは、仲間の修道士にも「星好き」と呼ばれていた。ラ ラビダ修道院でマルチェナと出会った未来の提督コロンブスは、西へ西へと針路をとればやがて東方に到達すると力説する。マルチェナはすぐに、この計画を自分の案としてカスティーリャの宮廷に伝え、持てる影響力を総動員してコロンブスのために尽力した。伝えられるところでは、メディナセリ公爵とメディナ＝シドニア公爵へ、さらにコルドバの宮廷にも手紙を書き、コロンブスを強く推薦したという。

ラ ラビダ修道院は、アメリカ大陸発見と関わりがあることで知られ、コロンブスはここで新世界征服に向けた旅の最終準備を整えた。

現在のラ ラビダ修道院

この修道院の建築様式は、訪れる者を当惑させる。白いファサードをもつ美しい外観は、アンダルシアのフランシスコ会修道院というよりもむしろ、異質なスタイルが混在する18世紀の建物を想起させるからだ。その原因は、1755年にポルトガルのリスボンを壊滅させアンダルシア西部にも影響を及ぼした地震にある。この地震によって本来の建物の大半が崩壊し再建されたため、さまざまな要素を寄せ集めたような現在の建物となったのである。コロンブスが知っていた本来の建物のうち、守衛室への入口のアーチ、聖堂の壁、礼拝堂や後期ムデハル様式の回廊などが当時のまま残っている。なかでも回廊は、一般的なあるいはフランシスコ修道会的なムデハル様式（イスラム建築の影響を受けたキリスト教建築。幾何学模様が特徴）の至宝であり、大航海時代の様子をうかがい知る手がかりとなっている。小さなパティオ（中庭）のまわりは数々の植物で彩られ、スペイン人画家ダニエル・バスケス・ディアスが1930年に描いた、新大陸発見の歴史を彷彿とさせるフレスコ画が飾られる部屋もある。図書館も見どころのひとつであり、初めてアメリカの海岸線が描かれたフアン・デ・ラ・コサの世界地図の複製など、歴史的に重要な文物や事跡が保管されている。

かつては十二使徒にちなんで12人いた修道士は、現在ではわずか5人。修道士としての務めを果たしながら、ひきもきらず訪れる観光客に対応している。私的なエリアを除き、建物全体を見学できる。

ラ ラビダ修道院

アーティチョークの詰め物

Alcauciles rellenos
アルカウシーレス レジェーノス

材料
— アーティチョーク（大）　　8個
— 卵　　　　　　　　　　　　1個
— マッシュルーム　　　　　150g
— タマネギ　　　　　　　　1/4個
— 料理用生クリーム　　　大さじ5
— パルメザンチーズ　　　　　50g
— パン粉　　　　　　　　大さじ2
— バター　　　　　　　　　　50g
— オリーブ油
— 塩、コショウ

調理法
● アーティチョークを丸ごと10分ゆでる。
● ゆでたアーティチョークを、塩を加えたきれいな湯に替えて、柔らかくなるまでさらにゆでる。
● フライパンにバター約15gと少量のオリーブ油を入れ、タマネギをじっくり炒める。このソフリート（基本は、ニンニクとタマネギをオリーブ油でしっかりと炒めた野菜の調味料。スペインの料理ではよく使う）に、洗ってみじん切りにしたマッシュルームを加え、汁が減るまで炒める。
● 火からおろして、パン粉、料理用生クリーム、溶き卵を加えてよく混ぜて塩コショウで味をととのえる。
● アーティチョークの水をよく切り、皿で安定するようにハサミで根元を切る。茎や外側の葉も料理バサミでしっかりと切り取る。
● オーブン皿にアーティチョークを並べ、先につくった詰め物を入れる。詰め終えたアーティチョークの上にチーズをすりおろし、上から残りのバターをのせる。
● オーブンで10分焼いて焼き色をつける。

小エビのトルティーリャ

Tortilla de camarones
トルティーリャ デ カマロネス

材料
— 小エビ　　　　　　　　　　250g
— 小麦粉　　　　　　　　　　450g
— イタリアンパセリ（みじん切り）　2房
— タマネギ（みじん切り）　　　1個
— オリーブ油　　　　　　　2カップ
— 塩

調理法
● ボウルに小麦粉、イタリアンパセリ、タマネギ、小エビを入れる。塩と水を少量加え、ゆるくも固くもない耳たぶ程度の滑らかな生地にする。
● フライパンにオリーブ油を入れて温め、生地をスープ用のスプーンで同量に取り分けて入れていく。生地は押しつぶし、縁が丸くなく不揃いになるようにする。
● 揚げあがったら、キッチンペーパーを敷いた皿に取り出し、熱々のうちに出す。
● 好みで塩などで味付けをしてもよい。

アンダルシア

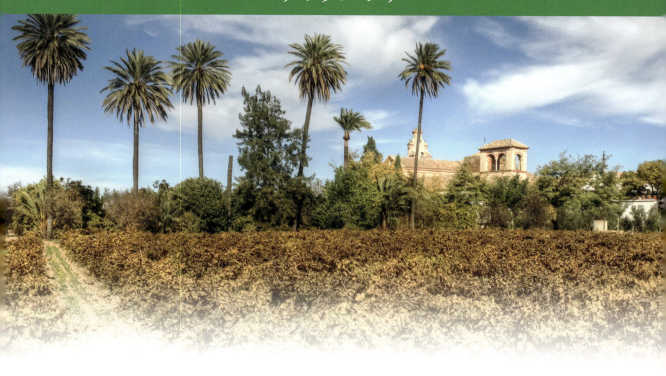

ヌエストラ セニョーラ デ ロレート修道院
Monasterio de Nuestra Señora de Loreto

聖地の由来

　この聖地の起源は14世紀末期にさかのぼる。当時、アンダルシアの沿岸部には海賊がはびこり、奴隷の売買がさかんだった。ベルベリア（北アフリカ）で囚われの身となったセビーリャのアルファラフェ出身のふたりの貧しい女性が、「どうか苦しみからお救いください」と聖母マリアに祈ったところ、祈りが通じてアンダルシアに帰還できたふたりは、感謝のしるしとして小さな聖堂の建設に乗り出す。1520年、エンリケ・デ・グスマンと妻マリア・オルティス・マヌエルが、修道院を建てるための土地をフランシスコ会の神父たちに寄進した。いずれセビーリャ大司教からの譲渡により、先に建てられた聖堂と併合されることを見越してのことだった。このように、聖堂と修道院は歴史の流れのなかで深いつながりをもち、異なる所有者が果たした慈善的な役割によって結びつけられたのである。

　ロレート修道院は当初から教育の場だったが、布教面で顕著な特徴をもち、パラグアイやトゥクマン、サンティアゴ デル エステロ、リオ デ ラ プラタに使節団を派遣していた。また、ペルーの奥地やメキシコ北部の砂漠地方にも修道士を派遣し福音を説いた。

　1835年、メンディサバル法による還俗（聖職者が俗人にかえること）によってロレートのフランシスコ会は消滅する。修道院は閉鎖され、聖堂はセビーリャの大司教であったシエンフエゴス枢機卿から若き司祭ミゲル・デル・トロ・イ・ゴメスに譲渡された。ゴメスは1875年に世を去るまで礼拝堂付き司祭の役目を果たす。彼の後継者となったのが、実弟でウンブレテ教区の主任司祭フアンだった。その後、フワンはロレート修道院をあるフランシスコ会に譲り渡す。1880年のフェリー法（フランスの教育相ジュール・フェリーによる教育の非宗教化を含む法）を受け、フランスから移住したフランス人とスペイン

人からなる修道会だった。フランス人は順応できず2年のうちにイギリスへ去り、残ったスペイン人はアンダルシア管区の復興に着手した。このころからロレートは教育および修練の場となり、スペイン各地から聖職を志す人々が殺到した。20世紀初頭、完全に復興を果たしたアンダルシア管区には、フランシスコ会神学校と、ローマで学位を得た教師陣がそろう哲学および神学の学舎があった。

新旧が融合する建物

相次ぐ火災と修復を経たのち、18世紀に建築家ディエゴ・アントニオ・ディアスが昔ながらの回廊に後期バロック様式を融合させて、現在の芸術的な建物を完成させた。ロレート修道院には、絵画や聖像、

敷地内には、要塞型の古いムデハル様式の塔がある。この地をめぐりイスラム教徒とキリスト教徒が争った時代の名残りである

聖堂の入口にある四角い囲い地の中央に、六角形の台座に支えられた十字架が立つ。台座を覆う18世紀のデルフト様式のタイルには狩猟の様子が描かれている。

フランシスコ会の伝統に則った宗教的な金細工など、歴史的遺産が多数ある。

現在のロレート修道院

ここロレート修道院では、少人数のフランシスコ会修道士たちが暮らし、神に祈りを捧げながら建物の維持管理に従事している。建物は見学が可能で、管区内の歴史古文書館のほかにベティカ管区全体のフランシスコ会図書室があり、メンディサバル法による還俗後に回復された資料や、クララ会、聖フランシスコの第三会など他の修道会に関する資料も保管されている。

ロレート修道院は小規模な宿泊施設でもあり、宗教グループや精神修養を求める個人を受け入れている。

ヌエストラ セニョーラ デ ロレート修道院

メルルーサとアサリのスープ

Pescada con almejas
ペスカーダ コン アルメハス

ご存じですか？

アンダルシアで捕れる魚はローマ帝国時代から評判が高かった。ローマで最も人気の高かった食べ物のひとつが、ガルムと呼ばれる魚の内臓を発酵させてつくる一種の魚醤（ぎょしょう）。上流階級のあいだでは、媚薬作用もあると考えられていた。ヒスパニア（スペインを含め、当時のイベリア半島全域の呼称）でのおもな輸出港のひとつが、カルタゴ ノバ――現在のカルタヘナであった。

材料

- メルルーサ（切り身） 6切れ
- タマネギ（中） 2個
- ニンニク 4片
- 白ワイン 1カップ
- アサリ 12個
- イタリアンパセリ 2房
- サフラン 数本
- 白コショウ
- オリーブ油
- 塩

調理法

- メルルーサの切り身に小麦粉をまぶして、軽く焼く。タマネギのみじん切りを同じ油でじっくりと炒める。透き通ってきたら、先の魚と一緒にカスエラ（直火にかけられる耐熱土鍋）に入れる。
- ニンニクをつぶして炒め、サフラン、白コショウ少々、アサリ、ワインを加える。アサリの口が開いたら、メルルーサと同じカスエラ鍋に入れる。
- 魚に火が通るようにひと煮立ちさせる。1人あたり魚1切れとアサリ2個を盛り付ける。好みによって、野生アスパラガス（グリーンアスパラガスだが、栽培物でなければ春が旬で、細く、繊維質とビタミンCが豊富）を添えてもよい。
- アサリは、ハマグリやザルガイなどでもよく、メルルーサは、タラ、シタビラメ、マトウダイなどの白身魚ならば何でもよい。

パスタのスープ

Pasta con caldo
パスタ コン カルド

材料

- パスタ（マカロニなど） 500g
- タマネギ（大） 2個
- ニンニク 1玉
- イタリアンパセリ
- トマト 2個
- セロリ 1本
- ニンジン 2本
- 干しタラ[*1]（ほぐす） 少々
- パプリカ粉[*2] 小さじ1/2
- ローリエ 1枚
- 塩

*1 塩漬けにして乾燥させた干しタラはスペイン、特にバスクの伝統的な保存食。

*2 ピメントンと呼ばれるスペインのパプリカ粉は、樫の木でスモークされ、燻製のような香りと味がする。

調理法

- パスタを、みじん切りにしたタマネギ（1個）と、細かく切ったニンジン、セロリと一緒にゆでる。パスタがゆで上がる前に火からおろして湯を切る。ゆで汁は残しておく。
- もう1個のタマネギは細切りにし、皮をむいて軽くつぶしたニンニクと、さいの目に切ったトマト、ほぐしたタラと一緒にフライパンで炒める。最後に、焦げ付かないように火を少し弱めて、パプリカ粉を加えてソフリート（野菜の調味料）をつくる。
- ソフリートが炒めあがったら、パスタのゆで汁も少し加えて（好みによる）、パスタにかけ、さらに数分火にかける。タラの塩加減によって、好みに応じて塩を足す。スープ皿に盛り、粉チーズとイタリアンパセリを添える。野菜は季節の旬に応じて変えてよい。

歴史を少々……

パスタは、マルコ・ポーロによって1271年、アジア遠征からの帰途にヨーロッパに伝えられたという。しかし最近の研究では（今日知られているような）パスタについての最も古い言及は、イタリアで1152年に見られる。つまり、マルコ ポーロがもたらしたとする説より1世紀も前にヨーロッパにすでに存在していたことになる。

アンダルシア

サンタ マリア デル ソコーロ修道院
Santa María del Socorro

古い修道院

無原罪懐胎を教義とするフランシスコ会のサンタ マリア デル ソコーロ修道院は、1522年にサン マルコス教会の近くに創設された。ここは、フアン・デ・セルバンテス枢機卿の姪で貴族のフアナ・デ・アヤラによって譲渡された所領である。当初の建物のうち聖堂、小さな菜園、禁域である居室のみが現存している。創設者フアナ・デ・アヤラは、この修道院で共同生活を送る修道女の人数は最大20名、全員が貴族出身でなければならないと定めた。

聖堂

16世紀に建てられ、17世紀と18世紀に改築が行われたた聖堂は、ムデハル様式の格間(ごうま)に覆われた箱型の設計である。主要な礼拝堂は星を散りばめたゴシック様式のリブ ヴォールト(肋骨穹窿(きゅうりゅう)――かまぼこ型を交差させた形の天蓋)に覆われ、壁面は20世紀初頭のタイル幅木(はばき)で飾られている。聖堂の入口のほうには上下二段の聖歌隊席(クワイヤ)がある。祭壇の背後にある大きなレタブロ(祭壇衝立(ついたて))は1630年のもので、壁龕(ニッチ)の中心にソコーロの聖母マリア像が置かれている。この像は16世紀末、周囲の絵画は17世紀の作品。また、聖堂内の壁に張りめぐらされた幅木

この修道院には、何世紀にもわたりセビーリャの貴族から寄贈された多数の芸術作品が保管されている

も注目に値する。セビーリャにあるカルトゥジオ会修道院で1904年に製造されたもので、白と青の色彩で宗教的な絵が描かれている。

もうひとつ重要なのが17世紀につくられ、18世紀に修復されたレタブロで、そこには聖ヤコブ、聖ヨハネ、無原罪の聖母の像がある。すでに述べたように、大きなレタブロの中心はアラバスター（雪花石膏）でつくられたソコーロの聖母マリア像である。この修道院には、かつて彫刻家フアン・マルティネス・モンタニェスによる古いレタブロ（1610年作）があったが、現在は古くから学問の拠点だったアヌンシアシオン教会に設置されている。

聖堂の上部やクワイヤの部分など、幅木にはすべて藍色のタイル装飾がほどこされている。これは陶芸家フランシスコ・ロドリゲス・スロアガの作品で、古くからあるカルトゥハ島の工房〈ピックマン デ セビーリャ〉で1940年につくられたものである。タイルづくりには、メンディサバルの永代所有財産解放令で修道院から没収された絵画のテーマを忠実に再現するという特別な目的があった。

祭壇をなす壮麗なレタブロ。16、17世紀の重要な絵画に囲まれてソコーロの聖母マリア像が配置されている

聖堂以外の部分はもっと歴史が浅く、修道女たちは禁域内の部屋を一部取り壊して学校と学寮を建て、自分たちで運営している。

回廊で、ここで製造販売するおいしい菓子を紹介するシスター エレーナ

名物のお菓子

現在、サンタ マリア デル ソコーロ修道院では14人の修道女が暮らし、修道生活を送りながら一日のうち数時間をお菓子づくりにあてている。お菓子はトルノ（客と修道女が顔を合わせないための回転式受付台）またはホームページを通じて販売される。スポンジケーキ、ペスティーニョ（蜜に浸した揚げ菓子）、マジパン（アーモンドパウダーを使った焼き菓子）、クルミのパウンドケーキなど54種類に及ぶ。お菓子づくりのほか、修道女たちは学寮も運営している。

スペイン版マカロン レブハイートス

Rebujaitos
レブハイートス

材料

— アーモンドパウダー　　　500g
— 卵黄　　　　　　　　　　3個
— 全卵　　　　　　　　　　1個
— 砂糖　　　　　　　　　　750g
— すりおろしたレモンの皮　1個分
— レモン汁　　　　　　　　1/2個分
— 「天使の髪」（金糸瓜のジャム*1）
　　　　　　　　　　　　　1瓶

— 粉砂糖（飾り用）

*1　果肉が糸状にほぐれるカボチャでつくるジャムで、スペインで菓子に多用される

調理法

- 砂糖150gと水少量でシロップをつくる。砂糖が十分に溶けるまでしっかりと混ぜ、数分間中火で煮詰めること。
- ボウルでアーモンドパウダーと残りの砂糖（600g）を混ぜ、すりおろしたレモンの皮とレモン半分の絞り汁を加える。よく混ざったら、真ん中にくぼみをつくり、卵黄3つと全卵ひとつを入れる。
- ボウルの縁にそって、熱々のシロップを生地に注ぎ入れる。卵黄と卵に触れて固まらないように注意する。シロップが生地に吸い込むまでしばらく待ってから、混ぜ合わせる。
- 生地を少なくとも1時間は寝かせる。一晩寝かせてもよい。生地が柔らかければ、アーモンドパウダーをもう少し加える。
- 十分寝かせたら、生地を適量取って、厚さが3～4mmになるように麺棒で平らにつぶす。
- この生地の上に、十分に水気を切った「天使の髪（金糸瓜のジャム）」を、クルミほどの大きさで置いていく。さらにその上に、同じ厚さにのばした生地をかぶせる。金糸瓜のジャムを真ん中に挟んだ生地を、円形の抜き型で切る。
- 全部抜き終わったら、オーブンに入れる。オーブンは強火で、5～7分焼く。焼き色を付けるために、一気に熱さを加えるのがよい。
- オーブンから出したら、ストレーナー（茶こし）で粉砂糖を振りかける。甘さを抑えたければ、焼き上がりの色のままでよい。

ソコーロ風 マドレーヌ

Magdalenas del Socorro
マグダレーナス デル ソコーロ

材料 〈12個分〉

- 小麦粉 　　　　　　　　　　　250g
- エキストラバージンオリーブ油 　250g
- 卵 　　　　　　　　　　　　　 4個
- 砂糖 　　　　　　　　　　　　250g
- ベーキングパウダー 　　　　　 1袋
- すりおろしたレモンの皮 　　　 1/2個分
- レモン汁 　　　　　　　　　　1/2個分
- オレンジの皮 　　　　　　　　1/2個分

調理法

- オリーブ油を火にかけ、オレンジの皮を炒める。油が冷めるまで置いておく。
- 卵と、オレンジの皮を炒めたオリーブ油、レモン汁とレモンの皮とを混ぜる。よく混ざったら砂糖を加え、最後に、前もってベーキングパウダーと混ぜてふるっておいた小麦粉を加える。すべてを手早く混ぜるが、菓子づくりの基本として、小麦粉を混ぜすぎて粘らせてはいけない。
- 生地を、混ぜた容器のまま、または生地を焼くカップに入れて1時間寝かせる。
- 1時間生地を落ち着かせたら、マドレーヌ型のカップにつぎ分けて、上から少量の砂糖を振りかける。
- オーブンを中火170度にし、30分ほど焼く。慎重に見守ること。マドレーヌに焼き色がついてきたタイミングで、オーブンから取り出す。

歴史を少々……

このスイーツの起源は、サンティアゴ デ コンポステーラへの大巡礼（最盛期12世紀には、ヨーロッパ中から年間50万人を超える巡礼者が集った）が盛んだった時代にさかのぼる。伝説によれば、マグダレーナという名の若い娘が、巡礼の象徴である貝殻の形をした菓子を巡礼者たちに供していたという。この「マグダレーナ（マドレーヌ）」はサンティアゴへの道中に広がり、スペインの伝統的な菓子となったという。

アンダルシア

サンタ クララ デ モゲル修道院
Santa Clara de Moguer

貴族とのつながり

サンタ クララ デ モゲル修道院は、カスティーリャの大提督アロンソ・ホフレ・テノリオとその妻エルビラ・アルバレスによって、フランシスコ会の女子修道会であるクララ会のために1337年に創設された。テノリオは、1333年にカスティーリャ王アルフォンソ11世からモゲルの地を割譲されて初代領主となった人物である。カンポ デ サンタ クララという集落の近くに建設されたこの修道院は、15世紀末に始まる都市化の流れと著しい人口増加の恩恵を受け、何世紀にもわたり、この地の社会、経済、文化、宗教に影響を及ぼしてきた。後援者のポルトカレーロ家はこの修道院と密接なつながりを維持し、現に一族の女性数人が修道会に入り、聖堂は一族の霊廟でもあった。

貴重な芸術作品

この修道院の建物は、アンダルシア西部における貴重なムデハル様式建築のひとつであり、1万平方メートル近い面積をもつ。

修道院全体は、居住エリアと聖堂というふたつの主要な建物を中心に連結している。聖堂にも見られるムデハル様式は、前庭、小回廊、大回廊、調理場、食堂などにより顕著に認められる。この建物の特徴は並外れた大きさであり、広々としたギャラリー、交差廊、さらに全長約70メートルもの大広間がある。また、修道院を囲む銃眼のついた高い塀が、いかにも要塞といった雰囲気をかもしだしている。

聖堂では上下二段の聖歌隊席(クワイヤ)が特徴的であり、ナスル朝様式の椅子がある。この様式の調度品としては唯一14世紀の作品である。大きなレタブロはヘロニモ・ベラスケスによって1635〜1640年ごろにつくられ、建築構造には彼の師フアン・マルティネス・モンタニェスの指示が反映されている。アメリカ大陸発見の旅から帰還した1493年3月16日の晩、コロンブスはその前で祈りを捧げた。

建物の南西端に位置する調理場には、今も14世紀の巨大な煙突や道具がある

学問と文化の拠点

　一時期、この修道院にはかなりの数の修道女が集まり、1591年には50人ほども暮らしていたが、1884年にはわずか3人に減少する。クララ会が消滅すると、マルセロ・スピノラ枢機卿が創始した無原罪懐胎信徒団がここに移り住み、それ以降、モゲル修道院はセビーリャ教区に帰属するようになった。信徒団は院内に女学校と修練院を設立し、1930〜1955年まで存続した。その後1956年にカプチン会の神父たちが修道院を引き継ぎ、当初のフランシスコ会の精神を復活させた。

　1961年、カプチン修道会は哲学学校を設立し、最大23名の学生を集めるが、1975年にはこの建物を明け渡し、教区内の別の場所に移転した。

社会文化の拠点

　現在、サンタ クララ デ モゲル修道院はウエルバ司教のもと社会文化の拠点となり、美術展やコンサート、芝居の公演が行われている。また、司教区聖美術資料館の本部でもあり、ナスル王朝時代から19世紀までの高価な美術品が展示されている。

建物全体が高い塀に囲まれ、要塞のような雰囲気を帯びている。右の小さい写真は、ヘロニモ・ベラスケスが手がけたレタブロ

卵黄プリン 天国のベーコン

Tocinitos de cielo
トシニートス デ シエロ

材料

- 砂糖　　　　　　1.5 カップ
- 水　　　　　　　1.5 カップ
- レモンの皮　　　2 切れ
- 冷水　　　　　　大さじ 7
- 卵黄　　　　　　7 個
- 全卵　　　　　　1 個

〈カラメルソース〉
- 砂糖　　　　　　大さじ 4
- 水　　　　　　　大さじ 3

調理法

- カラメルソースからつくる――鍋に砂糖を入れて弱火にかけ、溶けて焦げ色が少しつくまでかき混ぜないで待つ。ここで火からおろして水を加え、鍋だけを動かして混ぜる。プリン型の中に少しずつ注いでおく。
- 続いてシロップを準備する。砂糖と水を大きめの鍋に入れて中火にかけ、レモンの皮を加える。カラメル状になるまでかき混ぜつづける。かき混ぜているスプーンで砂糖をすくった時にゆっくりと糸状に落ちる程度の濃さになればよい。
- 卵を溶き、シロップをかき混ぜながら少しずつ加えていく。よく混ぜ合わさったら、漉し器（ストレーナー）でこす。
- 先にカラメルを注いでおいたプリン型に分け入れていく。型の上にクッキングペーパーをのせ、アルミホイルで紙ごと包み、しっかりと合わせ目を閉じる。蒸し器に並べて 170 度で 40 分程度蒸す。
- 固まったら、冷まして冷蔵庫に数時間入れておく。型から外して、カラメルソースを添えていただく。

サンタクララ風 クッキー

Pastas de Santa Clara
パスタス デ サンタ クララ

材料

- 卵　　　　　　　大 6 個
- 小麦粉　　　　　700g
- 砂糖　　　　　　700g
- バター（天板用）

調理法

- 卵と砂糖をかき混ぜて泡立てる。続いて小麦粉を加え、均一で適度なかたさの生地になるまで混ぜる。
- スプーンで取り分け、あらかじめバター（マーガリンでも可）を塗っておいた天板にのせていく。この時、生地が散り広がらないようにする。
- あらかじめ 180 度に温めておいたオーブンで焼く。生地に焼き色がついたら取り出す。ヘラを使って熱いうちに天板からはがす。

アンダルシア

サン クレメンテ デ セビーリャ修道院
San Clemente de Sevilla

　1248年11月23日、フェルナンド3世は軍を率いてムワッヒド朝の手からセビーリャを奪回した。その日はちょうどサン クレメンテ（ローマ教皇聖クレメンス1世）の記念日だった。そこでフェルナンド3世は、セビーリャにいくつもある宮殿のひとつを修道院に改修して教皇クレメンス1世を奉献するのが何よりの戦勝記念になると考え、その管理をシトー会の修道女たちに委ねた。

上の写真は、祭壇側から見た上下二段のクワイヤ。次頁は修道院の回廊。そこではセビーリャの街の喧噪はほとんど届かない

王家の霊廟

　修道院への改修はすぐに始まったが、シトー会が最終的にその建物に入ったのは、次の代のアルフォンソ10世が王座についてからである。それから750年、度重なる拡張や修復を経た今も同じ場所に立つこの修道院は、セビーリャを代表するシンボルのひとつとなっている。

　長年にわたり、この修道院はセビーリャの王侯貴族の娘たちを受け入れてきた。カスティーリャ王となったトラスタマラ家のエンリケ2世の王女ベアトリス・デ・カスティーリャ

王家の修道院サン クレメンテ デ セビーリャの修道女は、院内の果樹園でとれたオレンジやレモンを使った上品な味のマーマレードをはじめ絶品のスイーツをつくっている。

もまた、修道女としてここで暮らした。1396年に修道院に入った王女は、自分の死後はクワイヤに埋葬し、墓の上には永遠にオイルランプを灯しつづけてほしいと遺言書に記した。そのランプは15世紀の美しい銀細工で、今なおクワイヤの下段で光を放っている。もちろん現在の聖堂は王女の墓とランプが設置された当時のままの建物ではない。シトー会に属するこの修道院は15世紀に大幅に拡張され、続く16世紀には修道女の人数が増えて手狭になったため、新しい聖堂を建てなければならなかった。

芸術遺産

　サン クレメンテ デ セビーリャ修道院はもともと高貴な人々のために創設され、かつては修道女の大半が貴族だった。入会の際に多額の持参金がもたらされたことから、高価な芸術作品が数多く所蔵されている。いちばん目を引くのは、おそらく聖堂にあるバロック様式の大きなレタブロであろう。一方、「聖王」フェルナンド3世を通じてセビーリャとゆかりの深い13世紀の「ビルヘン デ ロス レイエス（王の聖母）」、画家バルデス・レアルや彫刻家フアン・マルティネス・モンタニェスらによる多数の絵画や彫刻も傑出している。ほかに数々の金銀細工もあるが、なかでも貴重なのは14世紀につくられたゴシック様式の至宝である、金メッキをほどこした銀製のチボリウム（ゴブレット型の聖体入れ）、1829年につくられた銀製および金

メッキをほどこした銀製のピックス（病床へ聖体を運ぶ容器）、金と金メッキをほどこした銀、および真珠でできた聖体顕示台など。この聖体顕示台は、1813～1825年にミゲル・マリア・パロミノによってつくられたものである。

現在のサン クレメンテ デ セビーリャ修道院

修道院の一日は、5時15分の祈祷で始まり20時40分の終課まで続く。その間、勉強や院内でのさらなる祈祷、修道誓願を立てるための準備などを行う。さらにコルタディーリョ（ラードを使った四角いケーキ）、ペスティーニョ、松の実のマジパン（ピニョナーダ）、ポルボロン（クリスマスの伝統菓子）といったお菓子やレモンのマーマレードなどをつくる世俗的な仕事もある。サン クレメンテ修道院は宿泊所としてのサービスも提供しており、専用バスルームと小さな礼拝室を備えた個室が5つあり、静修や祈祷をしながら過ごすことができる。

活気ある修道院

現在、修道院長シスター エスペランサの管理のもと24人の修道女がここで暮らし、修道院そのものとその精神を復活させようと献身的に善行に励んでいる。修道院の暮らしを維持するため、修道女はスイーツづくりを始めた。なかでもフレンチトースト（トリハス）は有名で、インターネットを通じて販売されている。マーマレード、スイーツ以外にも大ロウソクや、可愛らしい手製のロザリオもよく知られている。

サン クレメンテ デ セビーリャ修道院

松の実のマジパン

Piñonadas
ピニョナーダス

材料
- アーモンド（マルコナ種*1） 500g
- 白砂糖 250g
- 卵 3個
- レモンの皮 1/2個分
- シナモンパウダー 小さじ1/2

〈コーティング〉
- 松の実 300g
- 卵の黄身（つやだし用） 2個

*1　スペイン産マルコナ種のアーモンドは白色で柔らかく、「アーモンドの女王」と呼ばれ自然の滋味に富んでいる。

調理法
- オーブンはあらかじめ230度に温めておく。レモンを洗い、1/2個分の皮をそぐように切りとる（黄色い部分のみ）。
- ミキサーに砂糖、レモンの皮、シナモンを入れ、回転を徐々に強めながら30秒細かく砕く。砂糖を十分に細かくすること（足りなければ、もう30秒ミキサーにかける）。
- アーモンドを加えて、少しずつ回転を強めながら30秒ミキサーにかける。
  もしくはアーモンドパウダーで代用できる。
- 卵3個を加え、中速で1分ミキサーにかける。
- きれいな皿などに生地を置く（なるべくくっつかないように粉砂糖を少し振っておく）。デザート用スプーンに山盛り1杯ほどの大きさに取り、松の実でくるむ。
- 卵の黄身を白身と分け、表面のつやだし用に使う。卵黄をかき混ぜ、松の実でくるんだ生地をその中に入れ、クッキングシートを敷いた天板にのせていく。
- 5〜7分（焼き色がつくまで）オーブンで焼く（230度、上火 下火、ファンつき）。焼けたら取り出し、網などにのせて冷ます。

歴史を少々……

マジパン（マサパン、マルチパン）は、アーモンドを挽いて、砂糖と練りあわせた菓子で、その起源には諸説あるが、最有力なのはアラブ生まれという説。15世紀の終わりに、カトリック女王イサベルは、グラナダ陥落のための戦闘の被害者救済に、トレドにサンティアゴ デ ロス カバリェロス病院を建てた。当時の病院規則に、薬局の責任者は患者のためにマジパンをつくることと記されている。おそらく口に苦い薬と混ぜるためだったにちがいない。

スペイン版 フレンチトースト

Torrijas トリーハス

材料

- パン（堅くなったもの） 18切れ
- 牛乳 500 mℓ
- 砂糖 大さじ5
- 卵 2個
- 小麦粉
- シナモンパウダー、シナモンスティック
- オリーブ油

調理法

- 牛乳を鍋に入れ、砂糖とシナモンスティックを入れて温める。そのあいだ、薄切りのパンを大きな皿に並べておく。牛乳が沸騰する前に鍋を火からおろし、パンの上から注ぐ。30分浸しておく。
- ボウルで卵を溶き、皿に小麦粉を入れておく。パンを1枚1枚、まずは小麦粉、次に溶き卵につけていく。
- フライパンに油を入れて熱し、十分に熱くなったら、衣をつけたパンを揚げていく。スキンマー（穴あきお玉）とフォークを使って何度かひっくり返して、両面同じように焼き色を付ける。
- キッチンペーパーに置いて油をよく切り、砂糖とシナモンパウダーを振りかける。もっとしっとりしたのが好みなら、先と同様に牛乳をさらに500mℓ用意しておく。ただし、砂糖とシナモンスティックだけでなくレモンの皮も加えて、盛り付ける前にこの牛乳に浸す。

ご存じですか？

スペイン版フレンチトーストであるトリーハのレシピは、前日の残りのパンを食べる方法として、アンダルシアの修道院レシピに載っている。たいそう食欲をそそるものだったので、レシピはすぐに巷にも広がり、聖週間の代表的なデザートとなっていった。

アラゴン

ベルエラ修道院 　Monasterio de Veruela

モンカヨ山のふもと

1141年、ボルハの領主ペドロ・デ・アタレスは聖母マリアと交わした約束を果たし、聖母マリアの名を冠する修道院を建設するためにベルエラ渓谷とマデルエラ渓谷をスカラ デイの修道士たちに寄進した。しかし、シトー修道会からようやく建設の許可が下りたのは1145年のことである。

修道士たちは、モンカヨ山のふもとにある鬱蒼とした森の中に、シトー会の会則が求める静寂と孤独を見いだした。そこにはシトー会修道士の生活に欠かせない要素である石（採石場）と水（ウエチャ川）もあった。地の利を得たサンタ マリア デ ベルエラ修道院は、この地に君臨するだけでなく、ラ

ベルエラ修道院はモンカヨ自然公園に隣接し、近くにムデハル建築で有名な町タラソナがある。下の写真は回廊にある紋章が描かれたルネサンス様式のタイル

回廊は、ベルエラ修道院の象徴的な要素。14世紀最後の30数年間につくられたこの回廊は明らかにゴシック様式であり、その上には同じ配置でより新しい回廊がもう一段ある。こちらはシロス修道院からヒントを得たデザインだと思われる

ウエチャ渓谷や現在のボルハおよびタラソナ地方までを治める大領主となった。

破壊寸前の危機

19世紀の初めにはすでに手のほどこしようがないほど退廃していたこの修道院は、1835年に発令されたメンディサバルの永代所有財産解放令によって放置状態となる。1844年に建物が競売にかけられるが、マドリードの芸術文化財中央委員会が建物の保全を求めて落札を阻止したおかげで破壊をまぬがれる。以来、ロマンを求める旅行者が数多く訪れた。なかでも特筆すべきはベッケル兄弟(詩人で作家のグスタボ・アドルフォと画家で版画家のバレリアノ)である。ベルエラ修道院は、グスタボ・アドルフォの書簡集『僧坊からの手紙──第八の書簡』やバレリアノの版画など、多くの作品にインスピレーションを与えた。

未来の国営パラドール

1845年以降この建物を破壊から守ってきた保存委員会のあとを継ぎ、イエズス会が修練院を設置して1877年4月から1973年まで守ってきた。第二共和政から内戦の時期(1932～1939年)に修道院の排斥により一度中断し、その7年間はふたたび放置状態となるが、1919年に国定記念物に指定され、1928年にはさらに指定が拡大される。そして1976年、スペイン芸術局は建物の再興と保存のためにサラゴナ県議会に建物の使用権を譲渡した。

以来、フェスティバルや展覧会などの文化活動が可能になり、この建物を地元の芸術家に知ってもらおうという明確な目的のもと、主に現代美術展が開かれている。近い将来、建物の一部は新たな国営パラドールになる予定。

ベルエラ修道院では、聖堂のエントランスに見られるロマネスク様式や食堂の連続アーチに見られるゴシック様式など、多様な建築様式を目にすることができる

ベルエラ修道院の大きな特徴は完璧な均整である。すべてがごく限られた基本モジュールすなわち基準寸法(基本的に円と正方形)に基づいて計算され、数学的にほぼ完璧に調和している。そのモジュールは、参事会室へ通じる通路の胸壁、右側の最初のアーチの下にある、いわゆる〈ピエドラ デ メスーラ──慎みの石〉に刻まれている。

野菜のキッシュ

Pastel de verduras
パステル デ ベルドゥーラス

材料

- エンドウ豆　　　　　　1kg
- 卵黄　　　　　　　　　2個
- 卵白　　　　　　　　　3個
- 牛乳　　　　　　1/2 カップ
- ニンジン (大)　　　　　1本
- ジャガイモ (中)　　　　2個
- キャベツ (葉)　　　　　6枚
- タマネギ (小)　　　　　2個
- トマト　　　　　　　　1個
- ピーマン (輪切り)
- バター　　　　　　　　少量
- 塩

調理法

- 水に塩を入れ、野菜はそれぞれのゆで具合に応じて、別々にゆでる。ゆであがったら水気をよく切り、小さくさいの目に切る。キャベツだけは切らずに、型を包むのに葉をそのまま使う。トマトをくし形に切り、ゆでた野菜と合わせる。
- 卵黄と卵白を溶き、牛乳を合わせる。そのまま数分かき混ぜ、野菜を入れる。浅い型にバターを塗り、キャベツの葉で包む。オーブンを予熱し、蒸す用に水を入れた容器を入れておく。水は、ぐつぐつ沸いたり型に浸み込んだりすると失敗するので、そうならないようにする。型は、ナイフの先でいくつか穴をあけたアルミ箔でふたをしておくとよい。
- 野菜が表面全体に均等に広がるように注意しながら、型に生地を入れる。ピーマンで飾り付けてオーブンで焼く。ナイフの先で刺してみて、焼け具合を確かめる。冷ましてから、型から抜く。そのままで食べてもよいし、トマトソースやライト ベシャメルソース (バターを使わない低脂肪 低カロリー仕様) などをかけてもよい。

仔羊の肉団子

Albóndigas de ternasco
アルボンディガス デ テルナスコ

材料

— 仔羊の首肉（骨なし）　　　2 個
— 生ハムのプンタ部分*1　　　1 個
— タマネギ　　　　　　　　1/2 個
— 完熟トマト　　　　　　　　6 個
— ニンニクの芽*2（新芽）　　4 本
— 卵　　　　　　　　　　　　2 個
— ニンニク　　　　　　　　　2 個
— パン粉　　　　　　　　大さじ 4
— 牛乳　　　　　　　　　1/4 カップ
— オリーブ油（揚げ用）
— 小麦粉
— 塩、コショウ
— ナツメグ

＊1　生ハムの塊の先端部分。太腿の付け根にあたるところ
＊2　日本のニンニクの芽とは異なり、鱗茎がニンニクになる前に収穫した、若い柔らかいニンニク。早獲りラッキョウ（エシャレット）に似た外観

調理法

- 仔羊肉をボウルに入れ、生ハムと一緒に挽く。ニンニクのみじん切り、卵 2 個、パン粉、牛乳を加える。
- すべてをかき混ぜ、塩コショウして、ナツメグを少々すりおろす。
- 手のひらを軽く水で湿らせて肉を団子に丸め、小麦粉をまぶす。よく熱した十分なオリーブ油で揚げる。
- 肉団子をひき上げ、同じ油にみじん切りにしたタマネギ、皮むきしたトマトと、好みで白ワインを少々入れる。
- ソースにじっくりと火が通ったら、肉団子を入れて弱火で 10 分煮詰める

アラゴン

サン フアン デ ラ ペーニャ修道院
San Juan de la Peña

　サン フアン デ ラ ペーニャ修道院は、その名前の由来であるラ ペーニャ山脈の北面に立つ。ハカの市街地から約20キロの距離である。市街地からアラゴン川の左岸沿いに街道を西へ10キロほど行くと、サンタ クルス デ ラ セロス方面と表示された脇道があり、蛇行する道を進むと修道院に到達する。

旧修道院

　この修道院の真の起源は、中世初期の暗黒の闇の中だ。おそらく隠者の住み処であっただろうと考えられてきたが、10世紀に洗礼者ヨハネを奉献するごく小規模な修道拠点が建設されたことを示す歴史資料が存在し、当時の建物の一部が現存している。

　名前の由来となっている巨岩(ペーニャ)に覆われ、10世紀以来の長い歴史をもつこの建物は、特異な自然環境に完全に溶けこんでいるかに見える。建物内の見どころは、前ロマネスク様式の聖堂、聖コスメと聖ダミアンを描いた12世紀の絵、パンテオン デ ノブレス（貴族の霊廟）、1094年に聖別された聖堂、ゴシック様式の聖ビクトリアン礼拝堂などだが、なかでも傑出しているのは、ふたつの異なる工房によってつくられた壮麗なロマネスク様式の回廊だ。また、中世以降に建造された部分も見応えがある。そのうちパンテオン レアル（王の霊廟）はネオクラシック様式で、18世紀の終盤にはすでに建てられていたことがわかる。

アラゴン州北部のピレネー山脈の真ん中に、サン フアン デ ラ ペーニャとオロエル山景観保護区の見事な景色が広がる。ひときわ美しいのが、数々の伝説をもつ旧修道院だ。

新修道院

　1675年に規模な火災が起きたため、修道院を新たに建て直す決定がなされ、立地として、旧修道院に近いサン インダレシオ平地が選ばれた。巨岩の上にあるその美しい草地は、新たな生活を始めるのにふさわしい条件を満たしていた。新修道院の建築は1676年に始まる。この建物の設計は、近代の修道院建築において最も完璧かつ先進的な例となっている。ところがこの建物は1835年に放棄され、衰退の道をたどるのである。

宿泊所と歴史資料センター

　アラゴン州政府が進めた抜本的な再興策により、新修道院内にアラゴン王国歴史資料センターとサン フアン デ ラ ペーニャ歴史資料センター、さらに宿泊所が設けられた。州の宿泊所ネットワークに所属する四つ星ホテルで、ダブルルームが25室ある（うちメゾネットタイプ4室、バリアフリータイプ1室）。

上の写真は、回廊にある美しい柱頭のひとつ。右の写真は地下聖堂の入口と修道院全体の眺め

サン フアン デ ラ ペーニャ修道院

アラゴン風 レンズ豆のスープ

Lentejas aragonesas
レンテハス アラゴネサス

材料

- レンズ豆　　　　　　　　　400g
- 生ハムの骨　　　　　　　　1本
- モルシージャと生チョリソ*1　200g
- ポロネギ　　　　　　　　　2本
- ジャガイモ（小）　　　　　1個
- タマネギ　　　　　　　　　1個
- ニンジン　　　　　　　　　1本
- トマト　　　　　　　　　　1個
- オリーブ油　　　　　　　　100mℓ
- マスカットワイン　　　　　100mℓ
- アニス　　　　　　　　　　小さじ1
- 塩

*1　モルシージャとは豚の血のソーセージ。チョリソは香辛料とニンニクをきかせた豚の腸詰

調理法

- レンズ豆は前の晩から水に浸しておく。一晩経ったら、生ハムの骨を少なくとも1時間煮込む。
- ポロネギ、ジャガイモ、ニンジン、タマネギを刻み、油を少しひいたフライパンに入れてじっくり炒める。トマトを皮をむいて刻み、先の野菜のソフリート（野菜の調味料）に焼き色がついてきたら、トマトも加える。すべてを10分炒める。
- モルシージャとチョリソを加えて、さらに10分火にかけておく。
- 炒めた野菜 トマトのソフリートと水気を切ったレンズ豆を、生ハムの骨でだしを取ったスープに入れ、塩で味をととのえて40分ほど煮込む。豆に十分火が通ったら、アニスとマスカットワインを少量垂らして盛り付ける。

ご存じですか？

レンズ豆には尿酸とプリン体が豊富に含まれているので、関節炎、変形性関節症、アテローム性動脈硬化症、痛風などで食事療法をしている人たちは慎重に摂取すべきではあるが、ダイエットには適している。脂質が非常に少ない上に、炭水化物が多くて発熱量が高いため食べた時の満足感は十分だ。さらに、レンズ豆はカリウムを多く含んでおり、塩分を生み出す液体を中和することで体内の余分な水分を排泄するのにも役立つ。

ジャガイモと
ルリジサのシチュー

Borraja con patatas
ボラハ コン パタータス

材料

- ルリジサ*1　　　　　1kg
- ジャガイモ（中）　　2個
- 水　　　　　　　　1.5ℓ
- ニンニク　　　　　　1片
- オリーブ油
- 塩

*1　アラゴンの特産のハーブで、花、茎、葉のすべてが食べられる

調理法

- ルリジサの葉を茎から1枚1枚きれいにはがし、茎は生えている細かな毛が残らないように下ごしらえする。その後、約6cmの長さに分け、冷水で洗う。ジャガイモ2個は皮をむいてさいの目に切る。
- 深さのある両手鍋に水を張る。塩を足し、沸騰する直前で、下ごしらえして切り分けたルリジサを入れる。ふたたび沸騰しかけたところで、切ったジャガイモを入れる。
- 30分ほど煮込んで、盛り付ける。汁気を切ってたっぷりのバージンオリーブ油とニンニクのみじん切りを添えて食べてもよいし、少々のスープと一緒にクルトンや粉チーズをかけてもよい。

アラゴン

ピエドラ修道院

Monasterio de Piedra

レコンキスタとともに

この修道院はもともとイスラム教徒の城砦だったが、レコンキスタ時代（1194年）にアラゴン王アルフォンソ2世によってその城と周囲の土地がシトー会に譲渡された。その後、キリスト教信仰を強化するため、タラゴナのポブレー修道院から修道院長と12人の修道士がアラゴンのこの地に移り住んだ。

上の絵は、ヨーロッパで初めてチョコレートづくりが行われたのが、この修道院であることを彷彿とさせる

修道士は、城壁と古いアラブの城砦の石を使って修道院を建造した。そのため建設作業は着々と進みわずか23年（1195～1218年）で完成する。この地の人口をふたたび増やそうとアルフォンソ2世がカタルーニャ、ナバラ、バレンシアから連れてきた人々も作業を手伝った。

建築様式

ピエドラ修道院はちょうどロマネスク様式からゴシック様式への移行期に建てられ、建物の大部分は簡素さと明るさを特徴とするシトー会式ゴシック様式に属する。この様式の特色のひとつが、コンソール（突出部分を支える支持材）と柱頭をもつ、途中で切断された木の幹のような柱の使用である。この建物でとりわけ目立つのは中央のパティオを囲む、4つの歩廊（ギャラリー）をもつ四角形の回廊だ。ギャラリーは修道士たちが建物内を移動するのに便利だった。また、ミサを行ったり読書や瞑想を楽しむ場所でもあった。

下の写真と次頁の写真は、シトー会式ゴシック様式の回廊

ピエドラ修道院のレイアウトは、他のシトー会修道院と同様、北側に聖堂と前述の回廊のギャラリーがある。西側にはワイン貯蔵庫と穀物倉庫があり、修道院の食料が保管されていた。現在、それらの部屋には農具や食器などが展示され、D.O. カタラユドのワイン資料館もある。南側のゾーンには作業場、食堂、暖房部屋がある。暖房部屋はおもしろい造りで、床下に「ラ グロリア（天国）」と呼ばれる狭い室（むろ）を備えていた。この室は部屋全体に通じており、修道士たちは冬になるとそこで薪や藁を燃やして暖をとった。

永代所有財産解放令

修道士たちは1195～1835年までここで暮らしていたが、その700年ほどのあいだに、この修道院を3度手放さなければならなかった。最初

は1808年のスペイン独立戦争のときで、ピエドラ修道院はフランス軍に占領された。2度目は「自由の3年間」と呼ばれる1820〜1823年のスペイン立憲革命の時期、そして最後はメンディサバルの永代所有財産解放令が発令された1835年である。1840年、ピエドラ修道院は競売によりパブロ ムンタダス カンペニーに売却され、私的所有物として現在に至る。

現在のピエドラ修道院

私有地ではあるが、有料で修道院全体を見学し、特異な自然環境を楽しむことができる（コラ デ カバーリョというスペイン一高い有名な滝がある）。また、シトー会式建築様式のホテルもあり、かつてシトー会修道士の寝室だった62の客室には、アラゴン式の装飾がほどこされている。周辺には案内表示があるトレッキングルートが多数あり、歩いたあとに元気を回復できるレストランも数軒ある。

コラ デ カバーリョ（馬の尻尾）という高さ50メートルの滝の陰には、イリス洞窟と呼ばれる見事な天然洞窟がある

クーランショコラ

Coulaut de chocolate
クーラント デ チョコラテ

材料

— ブラックチョコレート　　　150g
— バター　　　　　　　　　　50g
— 卵　　　　　　　　　　　　3個
— 小麦粉　　　　　　　　　大さじ1
— 砂糖　　　　　　　　　　　80g
— 型に塗るバターと小麦粉

〈飾り付け〉

— イチゴジャムか、イチゴ
— 粉砂糖
— ミントの葉

調理法

- オーブンを予熱する。チョコレート100gをバターと一緒に溶かす（湯せん、または電子レンジ）。
- 卵を砂糖と一緒に室温で泡立てる。3倍ほどのかさになったら、ふるいにかけた小麦粉を加える。溶かしたチョコレートを入れてよく混ぜる。
- 4つの型それぞれにバターを塗り、小麦粉も少し振っておく。型の1/3ほどのところまで生地を入れる。溶かしていないチョコレートを型に入れ、その上にまた生地を入れる。200度で10分から12分ほど焼く。
- 型から外して熱いうちに盛り付ける。
- ミントの葉や、イチゴジャム、イチゴなどで飾り付ける。

アナゴのシチュー

Congrio rancio
コングリオ ランシオ

材料

— アナゴの干物*¹　　　　　　1kg
— ピーマン　　　　　　　　　2個
— ニンニク　　　　　　　　　2片
— タマネギ　　　　　　　　　1個
— トマト（完熟）　　　　　　1個
— ローリエ　　　　　　　　　1枚
— イタリアンパセリ　　　　　3房
— 赤トウガラシ（タカノツメ）　1個
— パプリカ粉　　　　　　　小さじ1
— サフラン　　　　　　　　　数本
— オリーブ油、塩
— 小麦粉　　　大さじ1
— 卵　　　　　1個

*1　アナゴの天日干しは、アラゴンの特産品

調理法

- アナゴを小さく分け、前日から水に浸しておく。柔らかくなるまでゆでる。ゆで汁1杯も取っておく。
- 材料を、ピーマン、ニンニク、タマネギ、トマトの順でカスエラ鍋に入れて弱火でじっくり炒め、ソフリート（野菜の調味料）をつくる。水で溶いた小麦粉と、ゆで卵の黄身、パプリカ粉、サフラン、イタリアンパセリ、赤トウガラシ（タカノツメ）、ローリエを加え、かぶるくらいの水を入れる。
- 沸騰し始めたら、先にゆでておいたアナゴとゆで汁を加える。味がなじむまで火にかけておき、必要なら塩で味をととのえる。

歴史を少々……

ピエドラ修道院は、チョコレートを1534年に初めてつくった記録が残されている修道院だ。エルナン・コルテスのメキシコ遠征に同行したシトー修道会のヘロニモ・デ・アギラール修道士が、ピエドラ修道院の院長アントニオ・デ・アルバロに、チョコレートのレシピを添えて初めてのカカオ豆を送ったという。この新奇の味を初めて試したのが、この修道院の修道士たちだった。ここからシトー修道会におけるチョコレートの偉大なる伝統が生まれたというわけだ。チョコラテリーアと呼ばれる小部屋でチョコレートをつくって味わっていた修道院もあった。

アストゥリアス

サンタ マリア デ バルデディオス修道院
Santa María de Valdediós

　シトー会によって建てられた歴史あるバルデディオス修道院は、コルダル デ ペオン山脈とアルバサル山脈に挟まれたボイジェス渓谷（現在のプエージェス渓谷）に位置し、標高400〜700メートル級の両山脈が渓谷の南側と西側を封じている。最初の修道院は、ボイジェス渓谷がサンタ マリア デ ソブラド修道院に寄贈されたのを受け、レオン国王アルフォンソ9世とその妻でカスティーリャ王国の女王ベレンゲラによって1200年11月27日に創設された。そのときこの渓谷にはすでに、「大王」と呼ばれたアストゥリアス王アルフォンソ3世の命で9世紀に建てられたサン サルバドールという小さな聖堂があった。現在その聖堂は「エル コンベンティン」として親しまれ、アストゥリアス州における前ロマネスク様式の至宝として、修道院の横に完全な形で保存されている。

バルデディオスの誕生

　最初の修道院をレオン王国のボニャルへ移す企てに失敗したのち、1218年に新聖堂の建設が始まった。ガリシア王国とレオン王国を受け継いだカスティーリャ王フェルナンド3世の支援を得て、バルデディオスは資金がふんだんに投入された極めて重要な修道院となった。しかし信心深い王が亡くなると後ろ盾を失い、14〜15世紀に衰退の一途をたどり、1515年4月14日、シトー会の改革に組み込まれてようやく食い止められた。

　1522年、渓谷を流れるバルデディオス川上流の氾濫で修道院の建物が浸水し、回廊もそれを囲むように配置された部屋も壊滅し、聖堂の

バルデディオス修道院は、渓谷が最も狭まった場所にある

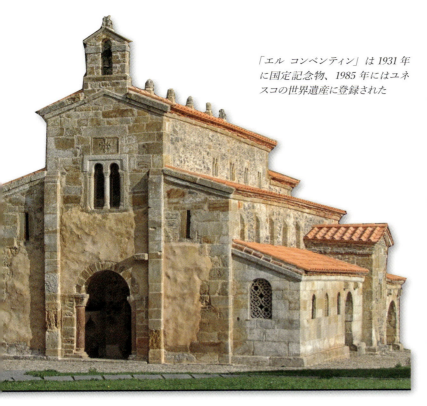

「エル コンベンティン」は1931年に国定記念物、1985年にはユネスコの世界遺産に登録された

みが破壊をまぬがれた。建物の再建は16世紀半ばになって始まった。

フランスの侵攻

19世紀前半にはフランスの侵攻、そこからの独立戦争が起き、さらにつづけざまに永代所有財産解放令が発令され、バルデディオス修道院の生活は終焉を迎える。この修道院が廃止されたのは、自由主義派のフアン・アルバレス・メンディサバルの永代所有財産解放令が発令された後の1835年10月11日だった。その後も3人の修道士が残ったが、1862年に最後のひとりが世を去った。

最近の歴史

スペイン内戦中、建物は精神医学センターとして使われ、長い歴史のなかでかつてない血なまぐさい事実が残されている。患者の介護をしていた人員の大半が銃殺されたのだ。内戦が終わると、バルデディオスは新たに神学校としての役割を取り戻すが、1951年にその神学校がオビエド県の山間地コバドンガに移転すると、建物はふたたび放置される。1986年、アストゥリアス州の文化省およびINEM(国立職業訓練所)は、バルデディオス職業専門学校を通じて完全復元に着手し、3人の建築家ガルシア・ポーラ、マルケス、パラシオスによる包括的な設計案に基づいて、段階的に修復が進められた。

1992年、シトー会の修道士によって修道院生活が復活し、バルデディオスは本来の意義を取り戻す。その17年後にシトー会は解散し、2009年2月末にはサン フアン(聖ヨハネ)会の修道士がバトンを受け継いだ。しかし、わずかな資力で広大な施設の維持管理を担うのは困難だとの理由から、この修道会もまた2012年6月30日にバルデディオスを去る。オビエド大司教区では、返還された建物の新たな居住者を探している。現在の壮大な建物は巡礼者の宿泊所として使われ、ガイド付きで見学もできる。

広々とした日当たりのいい回廊は、幾度もの修復を経た壮大な建物の姿を見せてくれる

サンタ マリア デ バルデディオス修道院

カサゴのパステル

Pastel de cabracho
パステル デ カブラチョ

材料

〈パステル〉

— カサゴの身（下処理済） 400g
— 卵（大） 3個
— カニカマ 3本
— 自家製トマテフリート *1 大さじ2
— ピキーリョ（赤ピーマン）*2 1個
— 生クリーム 100mℓ
— バター1かけとパン粉（型に塗る）

*1 つぶしたトマトをタマネギ、ニンニクなど香味野菜と油で炒め煮にしたソース。スペインでは市販が多く、日本ではパスタソースと呼ばれる
*2 肉厚な三角の赤ピーマン。辛みはなく甘みがあり、生野菜だけでなく、ロースト済み瓶詰、缶詰で市販されている

〈クールブイヨン〉

— タマネギ 1個
— ポロネギ 1本
— ニンジン 1本
— ローリエ 1枚
— オリーブ油 大さじ1
— 塩

調理法

● 鍋に水と塩を入れて火にかけ、沸騰したら、タマネギ、ポロネギ、ニンジン、オリーブ油大さじ1とローリエを入れ、10分煮て、クールブイヨン（魚を煮るための野菜と香料スープ）をつくる。つづいてカサゴを丸のまま入れ、さらに15分煮る。カサゴ400gというのは、皮も骨も取り除いたあとの分量なので、800gほどのカサゴが2匹必要。

● カサゴを鍋から取り出し、皮と骨を取り除き、丁寧に身をほぐす。オーブンを180度に予熱する。型にバターとパン粉を塗っておく。型は、プディング用の大きなものひとつでもよいし、6〜8個に小分けしてもよい。また、シリコンの型であれば、バターやパン粉を塗らなくてよい。

● 容器に、ほぐしたカサゴの身、ほぐしたカニカマ、ピキーリョ（赤ピーマン）、卵、トマテフリート、生クリームを入れる。全体が細かく均一になるまでよく混ぜる。型に入れ、表面をへらで滑らかにする。オーブンで40〜45分蒸し焼きにするか、電子レンジに入れる。串などを刺してみて、きれいに抜けたらできあがり。冷蔵庫に少なくとも2時間入れて、冷やして食べる。

歴史を少々……

カサゴのパステルは、アストゥリアス（現地では「ティニョス」）や、カンタブリア、バスクの伝統料理だ。この料理を広めた一人が、バスクの有名な料理人フアン・マリ・アルザック。1971年、アステレーナ デ サン セバスティアンというバーでよく食べられていたタパ（小皿料理）のバリエーションとしてつくり上げた。

アストゥリアス風 白インゲン豆の煮込み (ファバータ)

Fabada asturiana
ファバーダ アストゥリアーナ

材料

— ファベス（白インゲン豆）　500g
— アストゥリアのチョリソ　2本
— アストゥリアのモルシージャ　2本
— 塩漬けの豚肉　100g
— ベーコン　100g
— タマネギ（中）　1個
— ニンニク　2片
— イタリアンパセリ
— 塩

調理法

- 前日の晩に白インゲン豆を水に浸しておく。別の鍋で、モルシージャ、チョリソ、塩漬け肉、豚脂身の塩漬けかベーコンも温水に浸しておく。
- 一晩寝かせたら、食事の3時間前に、浸しておいた水をそのまま使って、肉に豆を入れて火にかける。さらにタマネギ、イタリアンパセリ、ニンニクを加える。沸騰してきたら、ゆで汁の表面に泡になって出てくるあくをすくう。
- ぐつぐつ煮たってきたら、収まるまで冷たい水を加える。ここで火をぎりぎりまで弱火にして、じっくりと煮込む。こうして3時間、または豆が柔らかくなるまで（銘柄によって異なる）煮る。
- 十分煮込んだら、味見して塩加減をみて、必要であれば少し塩を足す。煮込んでいるあいだに肉から塩が染み出すので、味見は最後にすること。汁が薄すぎていたら、とろみが出るように豆をつぶして足してもよい。

アストゥリアス

サン フアン デ コリアス修道院
San Juan de Corias

コリアスの村から 2 キロの場所にあるこの修道院は 1032 年に創設され、ベネディクト会修道士たちが暮らしていた。12 〜 13 世紀には最盛期を迎え、アストゥリアス州西部の大部分に加えて隣接するレオン州も含む広大な土地を所有するまでに至った。

不運の歴史

国の歴史記念物に指定されたこの建物の 1 階部分は、ふたつのパティオを含め面積 8000 平方メートルの長方形をしている。メインのパティオを囲む回廊には、一翼あたり 7 つの半円形アーチがある。正面のファサードは全体がレンゴス村産の大理石で覆われ、広々としたトスカーナ様式の聖堂には、壁に沿ってドーリス式の大きな平たい付柱が見られる。プラン（平面図）はラテン十字形、身廊の左右それぞれに礼拝堂が 4 つずつ 2 列並んでいる。

コリアス修道院は長年のあいだに何度も火災に見舞われ、再建を繰り返してきた。特に 1763 年に起きた大規模な火災では、聖堂と聖具保管室のみが焼け残った。1808 年のフランスの侵攻は、略奪、破壊、各地の修道院からの盗取、そして多くの修道士の追放と殉教を意味した。反教会的自由主義の時代にもさまざまな出来事があり、1835 〜 1837 年の運動最盛期には宗教的共同体が廃止され、その財産も没収されてしまう。こうしてベネディクト会修道士はコリアス修道院を明け渡し、ドミニコ会修道士にはトレド県オカニャにある海外布教を行

国営パラドールの正面玄関とまわりの豊かな自然環境

1835年に発布されたメンディサバレの永代所有財産解放令により、保存記録も含め、コリアス修道院の財産はすべて国の手に渡った。現在、それらの記録文書はマドリードの国立歴史古文書館の聖職者コーナーにある。また、永代所有財産解放令をまぬがれた80冊の書物は、政府が修道院を購入して以降はアストゥリアス州歴史古文書館に保管されている。

ふたつあるパティオの一方、エレリアーノ様式のパティオ

う宣教師のための修練院だけが残された。1860年、ドミニコ会はコリアス修道院を手に入れる。政府に対しては使節団の住居がもうひとつ必要になったと口実を設けながら、修道士たちはこの修道院をスペインにおけるドミニカ修道会管区再建の足掛かりとしたのである。

スペインのドミニコ修道会を代表する枢機卿アントニオ・オルヘ神父は、還俗し生き残った修道者のうち宗教生活の再開を希望する者を招集した。こうして、以前はベネディクト会の大修道院だったサン フアン デ コリアスは修練者を受け入れ、のちに彼らはアストゥリアス州におけるドミニコ修道院管区の担い手となったのである。

20世紀になると、この修道院はドミニコ会の神学校や職業訓練学校などの教育機関として使われ、おかげでアストゥリアス州の多くの住民が中等教育や職業訓練を受けることができた。1981年に学校が閉鎖されて以降は小規模なドミニコ修道会として存続し、近年は周辺の教区のための活動に従事している。

現在のサン フアン デ コリアス修道院

現在、一部をドミニコ修道会が使用しているが、それは壮大な建物のごく一部であり、大部分は改修され立派な国営パラドールに生まれ変わっている。建築学上の価値を最大限に尊重しながら改修が行われ、地下には本来の建物の残存部分が考古学的遺物として保・展示され、宿泊客を楽しませている。居心地よい部屋の窓からは、アストゥリアス州のすばらしい自然の風景を眺めることができる。

サン フアン デ コリアス修道院

地鶏とジャガイモの煮込み

Pitu caleya con patatas
ピトゥ カレーヤ コン パタータス

材料

- ピトゥ カレーヤ（地鶏）　　　1羽
- タマネギ（中）　　　　　　　5個
- ニンニク　　　　　　　　　　1玉
- ピーマン（大）　　　　　　　1個
- パプリカ粉　　　　　　　　　少々
- ドライシェリー酒　　　　　250mℓ
- オリーブ油　　　　　　　　500mℓ
- ブランデー　　　　　　　　200mℓ
- 塩
- 肉にまぶす小麦粉
- 新ジャガ　　　　　　　　　12個

調理法

- 丸鶏を八つ落としにし、皮をむいたニンニク、シェリー酒の半量と一緒にボウルに入れて一晩おく。一晩経ったら、鶏肉を取り出してキッチンペーパーで水気を切り、塩を振って小麦粉を軽くまぶす。余分な粉は落とす。フライパンにオリーブ油をひき、鶏を軽く焼き色がつくまで焼いたら、取り出しておく。
- 鶏肉を炒めたオリーブ油の半分をカスエラ鍋に入れて、細かく刻んだタマネギとピーマンを入れて炒める。ニンニクと鶏肉を加えて、タマネギがあめ色になるまで弱火でじっくりと炒める。パプリカ粉をひとつまみ入れて、かき混ぜる。残りのシェリー酒と、鶏を漬け込んでいた汁を加えて、材料が鍋につかないように気をつけながら、1時間半煮込む。
- よく煮込んだらブランデーを加えて、弱火でさらに1時間半煮込む。もし汁気が飛んでしまうようなら、水を加えて汁が無くならないようにする。
- 残り30分ほどになったら、残ったオリーブ油で新ジャガを焼き色がつくまで炒める。焼けたら油を切って鶏の煮込みに加えて最後の仕上げをする。

エッグ ベネディクト

Huevos a la benedictina
ウエボス ア ラ ベネディクティーナ

材料
〈卵〉
— 卵　　　　　　　　　　　　4個
— スライスハム　　　　　　　4枚
— イングリッシュ マフィン　　2個
— ビネガー　　　　　　　　　大さじ2
— 塩、コショウ（好み）

〈オランデーズソース〉
— 卵黄　　　　　　　　　　　4個
— 生クリーム　　　　　　　　小さじ3
— レモン　　　　　　　　　　1個
— バター　　　　　　　　　　250g
— 塩、コショウ、ビネガー　　少々

ご存じですか？
　この美味な卵料理の起源には諸説あるが、ローマ教皇ベネディクト13世に関わるとする説もある。教皇は消化器系が弱く、柔らかな食べ物を好み、お気に入りがポーチドエッグにトースト、レモンソースだった。これがニューヨークのウォルドルフホテルで手を加えられ、現在われわれが口にするスタイルになったという。

調理法
- マフィンを半分に切って中身を取り、軽く焼く。
- ハムをマフィンと同じ大きさに切る。
- お湯が沸騰する前に火からおろした片手鍋にボウルを置き、卵黄4つと生クリームを入れてとろみがつくまでかき混ぜる。電子レンジで溶かしたバターと、レモン半分を絞ったジュースを加える。塩コショウしておいておく。
- 鍋に半分まで水を入れて沸騰させ、少量のビネガーを入れる。そこに卵（室温にしておくこと）4つを崩れないように入れてゆでる。卵は別の容器に割り入れてから、鍋のお湯にゆっくりと入れるのがコツ。ゆであがったら卵をひき上げておく。
- トーストしたマフィンにハムをしき、卵をのせる。その上にオランデーズソースをかける。

アストゥリアス

サン ペドロ デ ビリャヌエバ修道院
San Pedro de Villanueva

アストゥリアス王国の初期

アストゥリアス王国の第２代国王ファビラが子孫を残さずに夭逝したため、義弟アルフォンソが王位を継承した。初代王ペラーヨの娘、すなわちファビラの妹エルメシンダの夫であるアルフォンソは、唯一の合法的な後継者だった。「エル カトリコ（カトリック教徒）」と呼ばれ歴史に名を残した新王アルフォンソ１世はレコンキスタを継続して領土を固めていった。亡きファビラを偲び、彼はカンガス デ オニスという村にあるファビラの宮殿の礎に、王墓を兼ねた聖堂を建てる。746 年に建てられた聖堂には身廊が３つあったが、現存するのはそのうちのひとつと、わずかな考古学的遺物のみである。

古い修道院は改装されて、観光用の国営パラドールとして 1998 年 7 月 8 日に開業した

1000年にわたり質素を旨としてきたベネディクト会の修道士たちは、私室で静かに瞑想し、聖堂で祈りを捧げ、沃野の畑を耕し、寄進と相続で得た広大な領地を治め、地域の発展に大きく貢献してきた。王の霊廟として8世紀に建てられた最初の聖堂に次いで、12世紀には新たに修道院が建造された。さらにその後に建てられたバロック様式の大修道院は、今も存続している。スペイン建国など夢にすぎなかった中世期から残る数々の貴重な石造芸術によって、この修道院はアストゥリアス州におけるロマネスク様式の金字塔となっている。

ファビラ王の死

ペラーヨの息子で「ファヒーラ」とも呼ばれたアストゥリアス王ファビラは、737～739年まで王位につき早すぎる死を迎えた。伝説ではクマと格闘して落命したといわれるが、後世の多くの王と同様、政治的暗殺であった可能性もある。

ロマネスク様式の遺物

　古い修道院で特に注目すべきは三重アーチだ。最も古い時代の装飾で、当初のロマネスク様式の回廊で唯一現存している遺物である。聖堂もやはりロマネスク様式で、ベネディクト会方式にならい四角い身廊がひとつだけある。そこから張り出す形で半円形のアプス（後陣）が3つあり、そのうち中央にあるものが最も大きく、アプス同士は半円形のアーチで連結している。聖堂の身廊と聖域を隔てているのも、3つの立派なアーチである。天蓋は丸いドーム型だが、もともとは身廊に木造の山型屋根がかかっていた。ファサードは3つあり、ひとつは封鎖され、もうひとつは回廊に通じ、最後のひとつは南に面し、聖堂への入口となっている。この3番目のファサードは、アストゥリアス州で最も美しいロマネスク様式の石造建築物のひとつである。

国営パラドールへの再転換

　ナポレオン軍による侵攻の後遺症からようやく立ち直った19世紀、教会の永代所有財産解放の一環として、教皇令により、修道士たちは修道院からの立ち退きを余儀なくされる。20世紀初頭に国定記念物に指定されたこの修道院は、ほぼ1世紀のあいだかろうじて存続し、1998年6月にパラドールに生まれ変わり、観光業への扉を開いた。回廊の1階部分にはカフェテリアを含む共有エリアが、修道士の私室があった2階には客室がある。さらに、古い建物とよく調和した別館にも客室がある。

サン ペドロ デ ビリャヌエバ修道院

メルルーサのリンゴ酒煮

Merluza a la sidra
メルルーサ ア ラ シドラ

材料

— メルルーサ*¹（尾の部分）　　2切れ
— エビ（大きめ、殻はむく）　　250g
— タマネギ　　　　　　　　　　2個
— オリーブ油　　　　　　　　　大さじ12
— リンゴ酒　　　　　　　　　　1カップ
— ニンニク　　　　　　　　　　3片
— ブランデー　　　　　　　　　大さじ2
— 小麦粉
— 塩、イタリアンパセリ

*1　メルルーサはタラ目の白身魚

調理法

● フライパンにオリーブ油大さじ6を入れて熱し、みじん切りにしたタマネギを炒める。色がつき始めたら、ニンニク2片のみじん切り、リンゴ酒半カップと、イタリアンパセリのみじん切り少々を加える。そのままじっくりと炒め、このソフリート（野菜の調味料）ができあがったら泡立て器に移しておく。

● 同じフライパンにオリーブ油を足して、残りのニンニクのみじん切り、イタリアンパセリ少々と殻をむいたエビを入れる。かき混ぜながら弱火で炒め、エビの身が白くなったらとっておく。

● メルルーサの切り身をよく洗い、水を切って半身に切り、背骨を取る。小麦粉をまぶして、残ったオリーブ油で軽く炒める。炒めたら土鍋に移し、先のソースを入れて、残りのリンゴ酒、ブランデー、エビを足して15分煮る。エビをのせ、イタリアンパセリのみじん切りを散らして盛り付ける。

お米のミルクスイーツ

Arroz con leche
アロス コン レチェ

材料
— 牛乳　　　　　　　　　　1.25ℓ
— 米　　　　　　　　　　　115g
— 砂糖　　　　　　　　　　100g
— レモンとオレンジの皮　　2切れ
— シナモンスティック　　　1本
— バニラビーンズ　　　　　1/2本
— シナモンパウダー

調理法
- カスエラ鍋に牛乳、米、シナモンスティック1本と、バニラビーンズ1/2本を入れて火にかける。レモンとオレンジの皮を加えて、かき混ぜながら、弱火で40〜45分煮詰める。くっつかないように4〜5分おきにかき混ぜる。
- シロップ状になってきたら、砂糖を加える。かき混ぜながら、さらに5〜10分煮詰める。
- シナモンスティック、バニラビーンズ、オレンジとレモンの皮をひき上げる。少し冷まして、土鍋に入れてシナモンパウダーを散らし、使っていないシナモンスティック、新しいレモンの皮を添える。

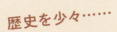

歴史を少々……

このデザートの起源は、似たようなものがあるペルシアか、*birinj pura*（「アロス コン レチェ」——米の牛乳煮）という名の料理のあるインドではないかといわれる。味付けには多くのバリエーションがある。干しブドウやカルダモン、シナモン、アーモンド、ピスタチオ、サフラン、ローズウォーターなど、さまざまなものが加えられる。ヨーロッパには、アラブ人の手でイベリア半島経由で伝えられた。

バレアレス諸島

レアル カルトゥハ デ バルデモッサ修道院
Real Cartuja de Valldemossa

宮殿が起源の修道院

　マヨルカ王国のハイメ1世は、息子サンチョが喘息にかかっていると知ると、トラモンタナ山脈の澄んだ空気を吸えば回復するだろうと、マヨルカ島のバルデモッサに宮殿を建てさせた。その約1世紀後の1399年、アラゴン王マルティン1世がその宮殿を譲渡し、王家の館は改修されてレアル カルトゥハ デ バルデモッサ修道院となった。

カルトゥジオ会の誕生

　修道士たちは思い切った改装を行い、古い宮殿の内部をがらりと変えた。以前の練兵場は回廊と墓地に、5つあった大広間は個室に、監獄は食堂に、そして調理場は聖堂になった。1717年には大規模な増改築が行われ、個室や廊下、さらに大きな聖堂が新しく加わった。カルトゥジオ会の修道士たちは4世紀にわたりここで暮らしていたが、1836年に永代所有財産解放令によって立ち退きを余儀なくされ、修道院は民間の手に渡った。

著名な客人

　マヨルカ島ではカルトゥイシャ デ バルデモッサとも呼ばれるカルトゥハ デ バルデモッサ修道院（カルトゥハはカルトゥジオ会の意）は、つねに歴史上の著名人とのつながりがあった。たとえば、政治家で詩人のガスパール・メルチョール・デ・ホベリャーノス、詩人ルベン・ダリオ、小説家ホセ・マルティネス・ルイス（通称アソリン）、哲学者ミゲル・デ・ウナムーノ、画家で劇作家のサンティアゴ・ルシニョール、美術評論家エウヘニオ・ドールス、オーストリアのルイス・サルバドール大公などである。最後の大公は一時期この修道院で暮らし、この地の美しさに魅了され、ついにはバルデモッサからわずか5キロのミラマールに館を建てた。この修道院で暮らしたもうひとりの著名人が音楽家のフレデリッ

永代所有財産解放令の発令により、この修道院は民間の手に渡った。現在は観光名所となり、昔の調剤室やショパンのものだとされるピアノなどを見ることができる。

実験室を備えた昔の調剤室、菜園や庭ののどかな散歩道など、うれしい驚きがある

ク・ショパンである。19世紀、彼はジョルジュ・サンドの名で知られるフランスの女流作家オーロール・デュパンとともに、この修道院で3ヵ月間暮らした。ショパンがこの古い修道院に残した足跡は、ふたりが借りていた「4号室」に残されている。

メンディサバルの永代所有財産解放令による略奪の被害を最も多く受けた部屋のひとつが図書室だ

その部屋にはショパンがパリから運ばせたプレイエル社製のピアノが展示されている。彼はこのピアノを使い、ポロネーズを1曲、前奏曲を数曲、さらにバラード第2番、スケルツォ第3番などの名曲をつくった。

観光用のスペース

この修道院は今も民間所有であり、宮殿の塔などがシーズンごとに賃貸されている。そのほかショパンの部屋（資料館）や院内にある昔の調剤室、カルトゥジオ会修道士の私室なども一般公開されている。構内には資料館関連グッズの売店とレストラン「サ ミランダ」もある。

観光地として

いくつもの部屋を見学し、昔の修道院での暮らしを知ることができる。公開されている修道院長室、礼拝堂、図書室、謁見室、寝室などには、バルデモッサ修道院の歴史的・芸術的遺産が保存されている。2号室と4号室には、1838〜1839年にこの修道院に滞在したショパンとジョルジュ・サンドにまつわる文書や、思い出の品々が展示されている。

豚足の煮込み

Potons guisados
ポトンス ギサードス

材料
- 豚の前足（ポトン）　　　8本
- タマネギ　　　　　　　　1個
- トマト　　　　　　　　　1個
- 赤ピーマン　　　　　　1/2個
- ニンジン　　　　　　　　2本
- ニンニク　　　　　　　　3個
- ローリエ　　　　　　　　2枚
- ハーブ（フェンネル、マジョラム）
- オリーブ油
- 塩、コショウ
- 赤トウガラシ（タカノツメ）　1/2本
- アーモンドロースト、
  揚げパン（添え用）

調理法
- 豚足の余分な個所を取り除いてきれいに下ごしらえし、半分ずつに分ける（精肉店に頼む）。圧力鍋に入れて、タマネギ、トマト、赤ピーマン、ニンジン、皮をむいたニンニク、ハーブ、赤トウガラシ（タカノツメ）、ローリエと、少量のオリーブ油と塩コショウを加える。
- 全体がかぶるくらいの水を入れ、沸騰し始めてから1時間くらい火にかけておく。
- 豚足をカスエラ鍋に移し、先のゆで汁をかぶるくらいまで入れる。野菜を全部細かく刻み、豚足の鍋に加える。鍋を振ってくっつかないようにしながら、ひと煮立ちさせる。
- 熱々のうちにいただく。ゆで汁をかけても、かけなくてもよい。アーモンドと揚げパンを添える。

野菜のトマトソースかけ

Tumbet
トゥンベット

材料
- ジャガイモ　　　　　　　6個
- トマト　　　　　　　　　1kg
- ナス　　　　　　　　　　2個
- ニンニク　　　　　　　1/2玉
- 赤ピーマン、黄ピーマン 各1個
- 塩
- オリーブ油

調理法
- ナスを洗い、ヘタとガクをはずし、皮はむかずに薄すぎない程度に輪切りにする。ざるに入れて塩を少し振り、余分な水分と一緒にあくを抜く。
- トマトの皮をむき、種を取って刻み、オリーブ油を引いたフライパンに入れて濃い目のトマトソースをつくる。弱火でじっくりと炒める。
- ジャガイモの皮をむき、洗って輪切りにする。フライパンにたっぷりとオリーブ油を入れて熱し、皮はむかずに少しつぶしたニンニクを揚げる。ジャガイモを入れ、揚がった順に皿にあげて油を切っておく。細切りにしたピーマンを炒める。
- たっぷりの水でナスの塩を洗い落とし、小麦粉をまぶして揚げる。先に揚げておいたジャガイモの上にのせていく。トマトソースができあがってきたら、トマトが崩れすぎないうちにピーマンを加える。ジャガイモとナスの上にトマトソースをかけてできあがり。

バレアレス諸島

ビルヘン デル トロ修道院

Virgen del Toro

特別な地

標高357メートルのトロ山は、メノルカ島で最も高い場所だ。島の中心部にある町エス メルカダルにあるトロ山の頂上には、ビルヘン デル トロ（トロの聖母）の聖地がある。そこはメノルカ島における信仰の中心とされ、町の歴史に深く根付いている。独特な形をしたトロ山は、メノルカ島のほぼ全域から見え、頂上からの眺望、とりわけ北海岸地帯の眺めはすばらしい。

美しい伝説

古い言い伝えによると、13世紀、メルセル会のある神父が聖母マリアの像を見つけた。メルセル会とは、イスラム教徒の捕虜となった人々を救出すべく、聖ペトロ・ノラスコが1218年にバルセロナで創設した修道会である。

修道士たちは「自由王」と呼ばれたアラゴン王アルフォンソ3世の軍隊とともにメノルカ島へ入り、王国のために島を奪回した。王は当時の封建制度に従い、勝利に最も貢献した軍人たちに土地を分け与えたが、修道士たちのためにふたつの領地を確保していた。ひとつはシウダデラにある土地、もうひとつはエス メルカダルから約3キロの場所にあるポディオ デ オステルノ、現在リナリチとして知られる土地だった。修道士たちは、そこに修道院を建設した。

歴史はここから伝説の領域に入っ

現在、この修道院はミセリコルディアのフランシスコ女子修道会によって管理され、メノルカ島民が思索のために滞在できる宿泊施設になっている

ていく。ある晩、新設された修道院へ向かって歩いていた修道士のひとりが、近くの山の頂上からひと筋のまばゆい光が天に向かって発しているのを見た。同じ現象が幾晩かつづけて起き、不思議に思った修道士は、修道院長に報告することにした。次の晩、その神秘的な現象を間近で見ようと、修道士たちは行列をなして頂上を目指す。伝説によれば、彼らは途中で一頭の牛（トロ）と出会った。当時、メノルカ島に生息していた野生の牛だ。修道士たちは恐れをなして、引き返そうかと考えるが、驚いたことに先導者が運んでいた十字架を見た牛は、襲いかかってくるどころかその前でおじぎをし、山頂への道案内を始めた。奇跡はそれだけではなかった。牛に導かれてうっそうとした茂みを抜けた一行は、巨大な岩山に行く手を阻まれる。すると、牛は岩山に向かって突進した。強靭な角で岩が打ち砕かれ、そこに道が開かれるのを、修道士たちは呆然と見つめた。頂上に到着すると、特異な力をもつ牛はある洞窟の入口の前でおじぎをした。そこから不思議なひと筋の光が発し、光の中に幼子イエスを抱いた聖母マリアの像があった。修道士たちは像を丁重に修道院へ運んだが、次の日になると元の洞窟に戻っていた。そこで修道会は、その場所に聖母を奉献する礼拝堂と修道院を建てることにした。

トロ山はメノルカ島で最も高く、バレアレス諸島全体で2番目に高い山だ。標高はわずか357メートルだが、頂上からは島のほぼ全体、特にメノルカ島の北部とマヨルカ島の一部が見渡せる。

現在の聖地

標高357メートルのトロ山はメノルカ島で最も高い地点だ。頂上からは島のほぼ全体を含む見事な眺望が得られる。よく晴れた日には、マヨルカ島の島影も見える

現在のビルヘン デル トロ修道院は、ミセリコルディアのフランシスコ女子修道会によって管理され、メノルカ島の人々が思索や祈祷のために滞在できる宿泊施設となっている。毎年5月8日、人々はトロ山に登って聖地詣でをし、聖母マリアを崇める。春になると山に登って風と田畑を祝福し豊穣を祈った、中世からの古い伝統に則った行事である。

ビルヘン デル トロ修道院

メノルカ風 渦巻きパン（エンサイマーダ）

Ensaimada menorquina
エンサイマーダ メノルキーナ

材料

- ゆでたジャガイモ　　　　　80g
- 卵　　　　　　　　　　　　3個
- ラード　　　　　　　　　　40g
- バター　　　　　　　　　　40g
- 砂糖　　　　　　　　　　180g
- イースト（パン酵母）　　　50g
- 強力粉　　　　　　　　　500g

調理法

- メノルカ地方で *fer es llevat* と呼ばれるサワー種をつくる。まずイースト（パン酵母）、水大さじ1、卵1、砂糖少々と小麦粉少々を合わせる。15〜20分置いて発酵させる。ジャガイモは細かく刻んで砂糖少々と混ぜておく。

- ミキサーがあれば、小麦粉と、卵2つ、刻んだジャガイモ、ラード、バターと砂糖を混ぜ合わせる。最後にサワー種を加える。最初の数秒は最高速で、続いて中速で3分ほど混ぜる。手でする場合は、生地全体にむらが無く均一になるまで材料をよく混ぜる。ふきんでふたをして発酵させる。

- 表面にバターを塗れる平らな面に生地を置く。大理石だと非常によい。生地を麺棒で伸ばす。はじめは四角に伸ばしていき、次に生地を麺棒に巻き付け、巻き取った生地をカタツムリの殻のように置いて「エンサイマーダ」の形をつくる。手にもバターを塗っておいたほうがよい。

  オーブンの天板に置いて3〜5時間寝かせておく。その後、150度で40分ほど焼く。「エンサイマーダ」が冷めたら、粉砂糖を振りかける。

カナリア諸島

サンタ カタリナ デ シエナ修道院
Santa Catalina de Siena

起源

サンタ カタリナ デ シエナ修道院は、ラ パルマ島の統治者フアン・デ・カブレハスとその妻マリア・デ・サラスによって1606年に創設された。もともと征服者（コンキスタドール）アロンソ・フェルナンデス・デ・ルゴが住んでいた邸宅を、修道院にするために1600年に購入したのである。1611年4月23日に修道院は活動を開始し、当初はセビーリャ出身の修道女が4人いただけだったが、何年かのうちに、その数は100人に達した。非常に裕福な修道院だったが、メンディサバルの永代所有財産解放令によって、カナリア諸島でも指折りの貴重な歴史的遺産は重大な損害をこうむった。

豪華な建物

現在、修道院の敷地はほぼ一区画分を占め、アデランタード広場に面して聖堂が立つ。聖堂には身廊

この修道院には数知れない美術品が保管されている。そのひとつがサンタ カタリナ デ シエナ（シエナの聖カタリナ）を描いたこの絵だ。冠を戴き、チュニックとガウンをまとい、殉教の象徴である棕櫚の葉をたずさえている

がひとつしかなく、広場沿いにふたつの簡素な入口がある。身廊の下手には、鉄と木でできた格子で囲われたクワイヤがある。数段高くなった聖域には内陣があり、その部分は木の格間に覆われ、石造アーチで身廊と仕切られている。木彫りの二連アーチ窓のあるバルコニーや、外側をイスラム風の瓦で覆われ内側に美しい格間がついた屋根など、この建物には明らかにムデハル様式の影響が認められる。

回廊は二段構えで、下段には石柱があり上段は木造である。しかし、この修道院で最も際立つのは、前述の大きな二連アーチ窓かもしれない。ひとつはカレーラ通りに面し、もうひとつはアデランタード広場とデアン パライ通りに面している。この二連アーチ窓は木製のバルコニーのようなもので、修道女たちはそこから通りを眺めることができた。外からは見えないため、外部との接触を禁じる規則に違反することもなかった。その窓は、修道院の前を通る聖週間（セマナ サンタ）の行列を見物するためにつくられた

「ラ シエルビータ」

サンタ カタリナ デ シエナ修道院には、防腐処理をほどこしたマリア・デ・レオン・ベージョ・イ・デルガードの遺体が安置されている。棺は「アマロ パルゴ」として知られる海賊アマロ・ロドリゲス・フェリペから寄贈されたもの。17世紀に生きた興味深い人物は、この修道院の庇護者であり、修道女マリア・デ・レオンの友人でもあった。テネリフェ島の人々は彼女を心から崇拝し、年に2日間（帰天日である2月15日とそれに続く日曜日）、数千人もの人々が墓所を訪れる。現在、「ラ シエルビータ」を聖人に次ぐ福者に格上げする列福の手続きが行われている。

のではないだろうか。建物内の見どころはレタブロ、それに禁域を仕切る鉄柵。それらは17世紀のものである。大きなレタブロの前に置かれた、銀の打ち出し細工の立派な聖櫃も目を引く。

ラ シエルビータ

この修道院で暮らした修道女のなかで最も有名なのは、テネリフェ島の人々に「ラ シエルビータ」の愛称で呼ばれるマリア・デ・レオン・ベージョ・イ・デルガードである。その遺体は防腐処理され、アマロ・ロドリゲス・フェリペ船長が寄贈した棺に安置されている。アマロは地主でもあり海賊でもあった興味深い人物で、王の許可のもと、海賊として敵対勢力の船を襲撃した。もちろん、スペインの沿岸地域を荒らしたり、新大陸から財宝を運んでくるスペインの商船を襲ったりした海賊船も襲撃の対象となった。アマロは修道女マリア・デ・レオンと強い友情で結ばれ、彼女の死後、この修道院のクワイヤの下に聖体安置所をつくり、その上に1枚の油絵を飾った。それは聖テレサ・デ・ヘススが見たビジョン（幻視）のひとつ、柱に縛られたイエス・キリストの絵だった。以来、マリア・デ・レオンの帰天日である2月15日には毎年祭儀が行われ、彼女の亡骸（なきがら）が安置された美しい棺を間近で見ようと、何千人もの人々が列をなす。ガラスの覆い越しに、修道服をまとったその姿が見えるが、露出した手と顔は時の経過をまるで感じさせない。

今も残る正面ファサードと二重アーチ窓のひとつ。修道女たちは外から姿を見られることなく、その窓から聖週間の行列を眺めることができた

サンタ カタリナ デ シエナ修道院

ヒヨコ豆と牛肉・鶏肉の煮込み

Ropa vieja
ロパ ビエハ

材料

- ヒヨコ豆　　　　　　　　500g
- 鶏肉　　　　　　　　　　500g
- 牛肉　　　　　　　　　　500g
- ピーマン　　　　　　　　1個
- ジャガイモ　　　　　　　1kg
- タマネギ　　　　　　　　1個
- ニンニク　　　　　　　　3片
- トマト　　　　　　　　　1個
- 水またはブイヨン　　　1/2 カップ
- 白ワイン　　　　　　　1/2 カップ
- パプリカ粉
- タイム
- クローブ
- ローリエ
- オリーブ油
- 塩、コショウ

調理法

- ヒヨコ豆を前日の晩から水に浸し、柔らかくしておく（柔らかくなっている瓶詰を使ってもよい）。
- 一晩おいたヒヨコ豆を洗い、牛肉、鶏肉と一緒に鍋に入れ、塩をして、かぶるくらいの水を入れて火にかける。
- 豆と肉がゆで上がったら、一度全部引き上げて、肉をほぐす。次に、ほぐした肉と豆をカリッとするまで炒める。
- 別のフライパンで、タマネギ、ピーマン、皮をむいたトマト、ニンニクを、すべてみじん切りにしておいて炒める。コショウ少々とクローブ2〜3粒を加える。すべてがじっくりと炒まったら、パプリカ粉、ワイン、タイム、ローリエとブイヨン1/2カップを入れる。最後に肉と豆を入れ、数分火にかける。
- 最後にひとくち大に切ったジャガイモを炒め、すべてを混ぜる。

レバーの煮込み *Carajacas* カラハカス

材料
— 仔牛のレバー　　　　　1kg
— ニンニク　　　　　　　1玉
— 赤トウガラシ（タカノツメ）　1本
— 白ワインビネガー　　　1/2カップ
— オレガノ　　　　　　　小さじ1
— パプリカ粉　　　　　　小さじ2
— ローリエ　　　　　　　1枚
— クミンパウダー　　　　小さじ1/2
— タイム　　　　　　　　小さじ1
— 白ワイン　　　　　　　1カップ
— オリーブ油
— 水　　　　　　　　　　1/2カップ
— 塩

調理法
- レバーをよく洗って膜などを取り除き、下処理する。ニンニク3〜4片の皮をむき、塩少々を加えてつぶす。レバーを切り、フライパンにオリーブ油少々とつぶしたニンニクを入れて炒める。
- 種を除いて細かく刻んだ赤トウガラシ（タカノツメ）と、皮をむいたニンニク、クミンと塩少々をすりつぶす。全体がなじんだら、オレガノ、パプリカ粉、タイムとワインビネガーを加え、乳化させておく。
- レバーを、炒めるのに使ったオリーブ油ごとカスエラ鍋に入れ、白ワイン1カップと水1/2カップを加える。先のすりつぶしたスパイス類を足し、弱火で15〜20分火にかけて、味をなじませる。盛り付けにはタマネギのスライスやニンジンのすりおろしを添える。

ご存じですか？
「カラハカ carajaca」というのは、カナリア諸島の先住民グアンチェ人の言葉で、「レバー」を意味する。レバーは島々でよく食べられているものだった。最近まで、テネリフェ島の居酒屋でごく一般的なもので、「papas arrugás（パパス アルガス）— しわくちゃポテト」と地ラムと一緒によく出されていた。

カナリア諸島

サンタ クララ デ アシス修道院の正面

サンタ クララ デ アシス修道院 Santa Clara de Asís

　カナリア諸島につくられた最初の女子修道院はクララ会に所属する修道院で、サン アントニオ デ バエサ修道院から4人、レヒーナ コエリ デ サンルカル デ バラメダ修道院から6人の修道女がやってきた。修道女たちは1547年2月20日にサンタ クルス港へ到着、旅費はテネリフェ島の聖堂参事会が負担した。設立当初は、サン フアン バウティスタ修道院という名前だった。1524年に、サン クリストバル デ ラ ラグーナに女子修道院を創設する案がテネリフェ島の聖堂参事会から出され、それと時を同じくして、キリスト騎士団の修道院長アロンソ・フェルナンデス・デ・ルゴ（征服者バルトロメ・ベニテスの息子）が、女子修道院建設のためにと遺言で金貨2000ドブラを遺す。その後、フランシスコ修道会が女子修道会にサン ミゲル デ ラス ビクトリアス修道院を明け渡し、自分たちはサン セバスティアン救済院（現在の養老施設）に居を移すことで合意がなされたのだった。ところが1572年になって、修道士たちが元の住居を返してほしいと願い出た。サン ミゲル修道院の返還を求める長い争いののち、ローマ教皇ピウス5世が下した裁決は、修道士たちに有利なものだった。

　1575年、統治者フアン・フィエスコ・ニサルドの未亡人オラーリャ・フォンテ・デル・カスティーリョは、クララ会（1212年に創始されたフランシスコ会の第二会）のために修道院と聖堂を建てることを約束する。こうして、オラーリャの邸宅の改修作業がほぼ完了した1577年12月21日、クララ会は修道院を手に入れた。

　1697年、大火で建物の大半が焼

け落ちるが、建築家ディエゴ・デ・ミランダの手腕により早急に再建される。1700年には新たな聖堂が公開されるが、かつての壮麗さが完全に復元されたわけではなく、その後も工事はつづけられ、1717年に二重アーチ窓が完成する。この修道院は18世紀に最盛期を迎え、修道女は約150人を数え、それぞれが持参金をもたらした。1999年に大々的な復元工事が始まり、作業は現在も続いている。

修道院の敷地は4本の通りに囲まれた四角い区画を占め、構内はふたつの大きなパティオを中心に配置されている。「クララ会修道女の路地」として知られるエルネスト アスカニオ イ レオン ウエルタ通りに面した聖堂には側面に扉がふたつある長い身廊がある。一段高くなった内陣は、ムデハル様式のカラフルな格間に覆われ、その格間の中心部分には、アッシジ（アシス）の聖フランシスコと聖クララをかたどった木彫りの彫刻がある。

同じ通りに面して、二重アーチ窓のある塔が立つ。サンタ カタリナ デ シエナ修道院と同様、そこは修道女たちが外から姿を見られることなく、斜め格子越しに聖週間の行列や街の生活風景を眺めるための場所だった。それ以外のファサードはじつに簡素で、俗人が立ち入れない修道院につきものの高い石塀が、要塞めいた様相を呈している。

アンチエタ通りに隣接する部分には「ベアテリオ」すなわち修道女たちの私室がある建物が配置されている。

1575年に創設されたクララ会の修道院には、興味深い歴史遺産や芸術遺産がある

すでに述べたように、格間の中心部分には金箔を貼った美しい木彫りのレリーフがある。これは18世紀の初期、聖堂の再建を目的につくられたもので、両腕で十字架を抱えた聖フランシスコと、聖体顕示台と錫杖（しゃくじょう）を持つ聖クララの姿が表現されている。1978年以降、このレリーフは建造物部門の重要文化財となっている。

現在、この修道院には14人ほどの修道女が暮らし、宗教活動に加えて修道院を維持するための労働にいそしんでいる。カナリア諸島全体で使われるホスチア（聖体のパン）づくりと、テネリフェ大司教区で行われる宗教行事用の衣装のアイロンがけがおもな収入源となっている。

ここには、クララ会の創始者を描いた数々の絵画が所蔵されている。17世紀にセビーリャの工房で修行したテネリフェ島の画家ガスパル・デ・ケベードの作品、グラン カナリア島の巨匠フアン・デ・ミランダの油絵、メキシコの画家フランシスコ・アントニオ・バリェホの作品が特に有名だ。いずれも華麗なバロック様式の絵画である。

資料館

この修道院が所蔵する貴重な財産の大半がサンタ クララ デ アシス資料館に集約されている。目玉は銀の祭壇で、特別な祝祭日には聖堂に置かれる。また、聖クララの生涯を描いた数々の絵画や、聖遺物箱という興味深い展示物もある。

ホスチアをつくる修道女

サンタ クララ デ アシス修道院

ウサギのスパイス風味

Conejo al salmorejo
コネホ アル サルモレーホ

材料

— ウサギ肉の細切れ　　1.25kg
— 粗塩
— ニンニク　　6片
— ジュニパーベリー　　10〜12粒
— パプリカ粉　　小さじ1/2
— トウガラシ（乾燥）
— オリーブ油
— ビネガー
— 白ワイン　　1カップ
— ローリエ　　1枚
— ローズマリー　　1枝
— タイム　　1枝

調理法

- ウサギ肉を容器に入れ（好みでレバーや腎臓を加えてもよい）、軽く塩をふる。すり鉢に、粗塩大さじ1、ニンニク、パプリカ粉、乾燥トウガラシを入れてすりつぶし、オリーブ油とビネガーをたっぷりと加えてよく混ぜる。
- 先のすりつぶしたスパイス類を肉と混ぜ、ワイン1カップ、ローリエ、タイム、ローズマリーとジュニパーベリーを加える。4〜8時間そのまま浸しておく。
- 時間が経ったら、ウサギ肉を取り出して炒める。漬け込んでいたスパイスは別にとっておき、炒めた肉を耐熱皿に入れて、そこに注ぐ。最後に、食べる10分ほど前にオーブンで焼く。

歴史を少々……

スパイスのジュニパーは中世、魔除けや病気払いに効き、毒のある生き物から守ってくれると信じられていたため、邪眼から守り、蛇が来ないように、家々の入口に植えられていた。17世紀、オランダ人医師シルヴィウスは、蒸留酒にジュニパーを漬け込んで「血液の浄化」に効果がある薬酒を開発した。これが「ジン」と名付けられたものである。

仔山羊のスパイス風味

Baifo barrado
バイフォー バラード

材料

- 小ぶりの仔山羊肉（バイフォー） 1/2 匹
- ラード 400g
- パプリカ粉 大さじ 4
- ニンニク 12 片
- 粗塩
- 乾燥トウガラシ（刻み） 1 個分
- ジュニパーベリー 数粒
- ビネガー 1/4 カップ
- 白ワイン（辛口） 1/2 カップ

調理法

- 仔山羊肉を適当な大きさに分け、ごく軽く塩とコショウしておく。
- その他の材料を大きなすり鉢に入れて、「バラード」（すりつぶしたスパイス）をつくり、肉にしっかりと塗り込む。オーブンの天板にごく薄くラードを塗り、肉をのせる。
- あまり高すぎない温度でオーブンに入れ、肉が柔らかくなり焼き色がつくまで弱火で焼く。
  染み出した肉汁を時々かけ、均等に焼けるようひっくり返しながら焼いていく。
- この料理には、ジャガイモのモホ ピコン（ピリ辛ソース）添えと、原産地呼称を認められたタコロンテ アセンテホ産（カナリア諸島）の赤ワインがよく合う。

カンタブリア

サンティリャーナ デル マルのクララ修道会
Clarisas de Santillana del Mar

サンティリャーナ デル マルのクララ修道会は、昔から不運な運命をたどってきた。当初は広大なレヒーナ コエリ修道院に居住していたこの修道院は近年、近隣のサン イルデフォンソ修道院へ転居した。

サン イルデフォンソ修道院の歴史

この修道院は、1323年にマリア・ギタルテによって創設されたサンタ クララ デ サンタンデル修道院に起源をもつ。1837年、そこを追われ財産も剥奪された修道女たちは、サンティリャーナ デル マルのレヒーナ コエリ修道院へ移り住んだ。じつは、その修道院の先住者であったドミニコ会修道士もまた追放の憂き目にあっていた。1967年、建物の一部にサンタンデル司教区聖美術資料館が開設される。そして2007年、近隣のドミニコ会女子修道会がサン イルデフォンソ修道院を去ると、クララ会はよりいっそうの孤独と静寂を求めてそこへ入居した。

現在17人の修道女が暮らすサン イルデフォンソ修道院は、1万8000平方メートルの敷地内にある。粗石を積んだ高い壁の内側には聖堂がそびえ立ち、中央の回廊を中心に建物が集まっている。なお、回廊そのものの建築学的価値はあまり高くない。

活動の変化

古いレヒーナ コエリ修道院で、修道女たちは宗教的使命と飲食関

現在、クララ修道会は近くのサン イルデフォンソ修道院に移り住んでいる。そして古いレヒーナ コエリ修道院の建物内には、カンタブリア州の司教区聖美術資料館がある

サン イルデフォンソ修道院の入口には、このようなめずらしいショーウィンドウが設置されている。来訪者は修道女がつくるいろいろなお菓子をここで見て好きなものを選び、トルノ（回転式受付台）を通して注文できる。その他の写真は、作業中の修道女、丸いカンタブリア風カステラの見本、食堂での作業風景

係の仕事を両立させ、同時に院内に司教区聖美術資料館が創設されたことで生じる仕事にも従事していた。ところが経済危機はこの地にも及び、仕事の減少に直面した彼女たちは、従来の活動をつづけながら、サン イルデフォンソ修道院への転居にともない新たな仕事に挑戦した。それは、クララ会にとって無縁ではないお菓子づくりだった。

こうして小さな菓子工房が設置され、10種類以上の特製菓子が売られるようになった。なかでも人気は、ココナッツクッキー（コカーダ）、絞り出しクッキー、そして名物のカンタブリア風カステラだ。クララ会はまた、修道院の裏手で静修ハウスも運営している。静寂のなかで過ごし黙想したい人々のための施設である。

レヒーナ コエリ資料館

第2バチカン公会議で、信仰の場で教会が示すべき禁欲に関する新教令が発令されると、修道院が保有する美術品の多くが、司教区聖美術資料館の所蔵品に加えられた。こうしてサンティリャーナでは、ドミニコ会のレヒーナ コエリ修道院の古い建物にカンタブリア司教区聖美術資料館ができた。そこには司教区の古文書館も設置され、その管理は食堂の厨房の管理とともに、クララ会の修道女たちに委ねられた。

レヒーナ コエリ修道院の建物は、エレリアーノ様式と古典主義の流れをくむ。目玉である調和のとれた回廊は、資料館の中心をなす。800点を超える美術品は、教区から広く集められたものだ。かなりの数の美術品に植民地時代の影響が見られる。移民——いわゆるインディアーノ（新大陸に渡ってひと財産築いて帰国した人々）——とりわけ18世紀以降の移民がもたらした所産が、豪華な銀細工や象牙細工に認められる。メキシコとペルーの銀細工と同様、中国の絹織物や象牙細工もまた見事である。

サンティリャーナ デル マルのクララ修道会

スペイン風 チーズケーキ

Quesada
ケサーダ

材料
— カッテージチーズ　　500g
— 卵（中）　　　　　　3個
— 砂糖　　　　　　　　300g
— 小麦粉　　　　　　　150g
— バター（焼き型用）

ご存じですか？

「ケサーダ」は、カンタブリア州のパス渓谷の山々、またカナリア諸島の特にエル イエロ島によく見られる。カナリアの人々はチーズ、特に燻製チーズの生産に長けていた。そこでアメリカ大陸の発見後には、大洋を渡る長い航海にチーズを携えていた。

調理法

● 卵と砂糖を、十分に泡立てる（泡立て器か、ミキサーでも可）。
● 細かくしたカッテージチーズを加えてよく混ぜ合わせ、あとから小麦粉を少しずつ加えていく。
● ダマが無く滑らかになるまで混ぜ合わせる。
● 型（長さ15〜20cmほど）にバターを塗り、ケーキ生地を流し込む。
● 180度で10分ほど予熱したオーブンの真ん中に型を入れ（グリル用ヒーター無し）、45分ほど焼く。ナイフの刃先で刺してみてきれいに抜けるようになったら、オーブンの火を止め、ふたを半開きにしてそのまま余熱でさらに10分置いておく。
● そのまま食べてもよいし、ベリーのジャムを添えてもよい。

カンタブリア風 カステラ

Sobaos pasiegos
ソバオス パシエゴス

歴史を少々……

「ソバオ」はもともと、パンくず、卵、バター、砂糖でつくられたものだった。のちにパンくずが質の良い小麦粉に代わった。すりおろしレモンやラム酒またはアニス酒が使われるようになったのはもっとあとだ。ソバオはひとつひとつパラフィン紙（*gorritu*「赤面」と呼ばれる）にのせて焼かれていた。

材料

- 卵　　　　　　　3個
- 砂糖　　　　　　250g
- バタークリーム　250g
- 小麦粉　　　　　250g
- レモンの皮のすりおろし
- ラム酒　　　　　小さじ1
- ベーキングパウダー 8g
- 塩　　　　　　　少々

調理法

- ボウルで卵と砂糖をメレンゲ状に白っぽくなるまでよく泡立てる。ミキサーやフードプロセッサーで、中速／37度／約5分かけてもよい。バタークリーム、すりおろしたレモンの皮、ラム酒を加えてさらに泡立て、すべてをよく混ぜ合わせる。ただし、卵がしぼんでしまわないように泡立てすぎないこと。
- ふるったベーキングパウダー、塩、小麦粉を加えてサクッとかき混ぜる。小麦粉がなじむ程度にすればよい。
- オーブンの天板にパラフィン紙でつくった型をのせ（型のつくり方はインターネット上でたくさん紹介されている）、ベーキングパウダーが焼くと膨らむので生地を各々3／4まで入れる。
- 170度に予熱しておいたオーブンを、菓子焼き用（グリル用ヒーター無し）にして約15分焼く。中央を串で突き刺して、スルッと抜けるか焼け具合を確かめる。
- オーブンから取り出して、金属製バットにのせて冷ます。

カンタブリア

サン セバスティアン デ アノ修道院
San Sebastián de Hano

この修道院の起源は中世後期にさかのぼる。領主であるゲバラ家は、1441年に自分たちが創始したと語り伝えてきた。一方、確たる証拠はないものの、14世紀のはじめにはすでに修道院があったことを示す資料も存在する。

起源

この地はもともと、フランシスコ修道会が管理する修道の場所だった。サン セバスティアン デ アノ修道院への敬意は、王国が与える特権という形であらわれた。特に注目すべきは、1491年にカトリック両王によって与えられた船の所有権限である。このことは、かつてこの地が島もしくは潮が満ちる場所であったことを物語っている。修道士は、船に乗るかアノの橋を渡って上陸せざるをえなかったのだ。船を使用する特権や、近くの牧草地や山の使用をめぐる近隣の村々との確執は、たえまない争いの元となった。

豊かな芸術遺産

サン セバスティアン デ アノ修道院は、芸術的価値の高い彫刻や絵

画を数多く所有している。その多くは、フアン・デ・アウストリア（神聖ローマ帝国皇帝カール5世の庶子）の母親バルバラ・ブロムベルクが寄贈したものだ。彼女は自身の墓所としてこの修道院を選んだ。

現存しているのは17世紀に建てられたトスカーナ様式の聖堂で、見せかけのクロッシングは筒形ヴォールトと交差ヴォールトの天井に覆われ、側面にふたつの礼拝堂があり、正面は直線的だ。一方の修道院は、16〜18世紀の建物の痕跡を残しつつ、時とともにさまざまな建築様式が加わり、おもしろいスタイルに変わっていった。この修道院は、1981年に重要文化財に指定された。

還俗

モンテアノとしても知られるこの修道院は、1835年にメンディサバルの永代所有財産解放令によって信仰の場としての道を絶たれた。その後は隔離病院として使われるはずだったが、最終的には取り止めとなった。荒廃した建物はついに人手に渡り、19世紀の末、所有者であるカサ・プエンテ伯爵はこれをサンタンデル司教区に寄贈する。司教はカプチン修道会の神父たちの手で、そこを信仰の場としてよみがえらせた。カプチン修道会が入居した当時は100人を超える修道士がいたが、現在は4人しかいない。聖堂内や昔の桟橋のまわりを自由に見学することができる。

海岸に近いサントーニャ湿地のそばに堂々とそびえるサン セバスティアン デ アノ修道院は、1441年にベルトラン・ラドロン・デ・ゲバラの後援のもと創設されたとされる。それ以前、この場所にはヌエストラ セニョーラ デル モンテを奉献する古い小さな教会があった。

サン セバスティアン デ アノ修道院は、目前にあるアルサントーニャ湿地内の防波堤からの眺めが最も美しい。夕方になって潮が満ちると、建物が見事な輝きを放つ。上の写真は、この修道院にあるごく小さな回廊

修道士の焼きイワシ

Sardinas horneadas de los frailes
サルディーナス オルネアーダス デ ロス フライレス

材料

- イワシ　　　　　　　　　750g
- タマネギ　　　　　　　　1個
- セロリ　　　　　　　　　1本
- ニンジン（小）　　　　　1本
- ニンニク　　　　　　　　1片
- オリーブ油
- 白ワイン（辛口）　　1/2カップ
- トマト（つぶしたもの）　400g
- フェンネル（ウイキョウ）の種　　　　　　　　　　　　小さじ1
- 羊乳のチーズ（すりおろしたもの）　　　　　　　　　　大さじ2
- パン粉（粗挽き）　　　大さじ2
- 塩
- コショウ

調理法

- イワシの頭を取り除いて下処理をし、水気をよくふいておく。
- タマネギ、ニンジン、セロリ、ニンニクを細かく刻み、オリーブ油大さじ2で弱火でじっくり炒める。途中で白ワインを入れ、煮詰まってきたらつぶしたトマトを加えてソフリート（野菜の調味料）をつくる。
- 塩加減をみて、好みでコショウ少々を加え、弱火で30分火にかける。
- 続いてパン粉、チーズ、砕いておいたフェンネル（ウイキョウ）を入れる。火からおろす。
- 耐熱皿にイワシを入れ、炒めておいたソフリートを上からかける。オリーブ油を少々たらし、パン粉とチーズも少し足して、180度のオーブンで15分ほど焼く。最後の5分は全体に焼き色がつくようにグリル用ヒーターをつけて焼き色をつけ、焼けたらレタスをひいた皿に盛り付ける。

カプチン会風 卵のフライ

Huevos capuchinos
ウエボス カプチーノス

材料

- 卵　　　　　　　　　　7個
- 生ハム（さいの目状）　100g
- パン粉
- オリーブ油

〈ベシャメルソース〉

- バター　　　　　　　大さじ1
- 牛乳　　　　　　　　2カップ
- 小麦粉　　　　　　　大さじ2
- ナツメグ
- 塩

調理法

- 卵6個をゆでる。もう1個はパン粉に使う。
- ベシャメルソース（ホワイトソース）をつくる。まずはフライパンを中火にかけ、バター大さじ1を溶かす。冷たい牛乳のカップに小麦粉大さじ2を加えて、ダマが無くなるまでよくかき混ぜる。これをバターの入ったフライパンに入れ、弱火のままダマができないようによく混ぜる。ベシャメルソースのできあがりの濃さの好みに応じて、さらに牛乳を足す。ナツメグ、塩少々（ハムに塩味があるので入れすぎないこと）を加える。さらに15分火にかける。
- ゆで卵の殻をむき、縦半分に切る。卵をゆでる時は、黄身が真ん中になるように、湯が沸騰した鍋のなかで、少なくとも2～3度は卵を回転させる。黄身を取り出して、さいの目切りのハムと一緒にベシャメルソースのフライパンに入れ、よく混ぜる。
- フライパンでつくった具を卵に詰めて、丸くなるようにする。残りの卵を溶き、パン粉を皿に広げる。具を詰めた卵を、溶き卵、パン粉の順にくぐらせる。全体にむらなくつけるようにする。
- 十分に熱したたっぷりのオリーブ油で、焼き色がつくまで揚げる。

カンタブリア

ビアセリ修道院

Abadía de Viaceli

遺産

　ビアセリ修道院は、19世紀の終わりにキロス兄弟がシトー修道会に残した遺産が起源である。決して順調には進まなかった長い手続きを経て、フランスのヌエストラ セニョーラ デル デシエルト修道院長だったバレンシア出身のカンディド・アルバラトが遺産を受け取り、修道院の創設を実現させるとともに、キロス農業学校を設立した。1904年に学校の、1906年には修道院の聖堂とその他の部分の建設が始まった。1909年にローマ教皇ピウス10世が「教会法に基づくサンタ マリア デ ビアセリ修道院の設立に関する小勅書」を公布、1912年にはマヌエル・フレチェ神父を修道院長とする修道士の一団が、その地に定住し修道会を結成する誓願を立てた。そして1926年10月16日、ビアセリ修道院が誕生する。均整のとれたこの修道院は、スペインで

右はビアセリ修道院製のチーズに貼られていた昔のラベル。下の写真は、シトー会式ネオゴシック様式が見事なビアセリ修道院の建物

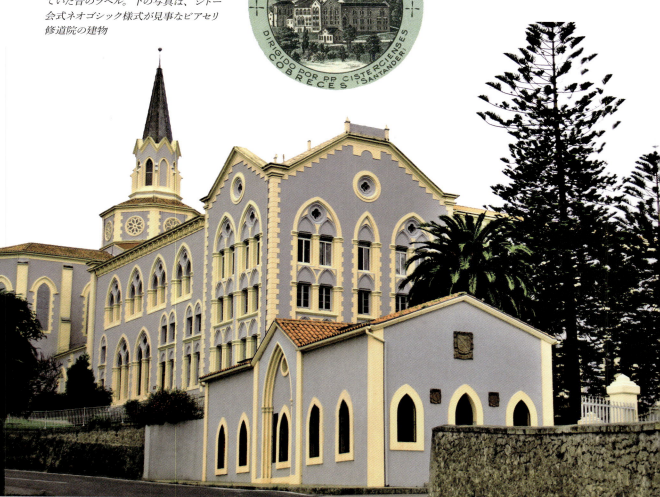

最初にセメント材が使われた建物のひとつである。すらりとした美しいフォルムが特に見事で、そこにはシトー会様式の大きな特徴であるゴシック調のラインが忠実に再現されている。薄闇に包まれた聖堂で聴くグレゴリオ聖歌、とりわけ聖母交唱は忘れがたい経験となる。

名物のチーズ

　修道士たちは、学校、修道院および農場の所有者ではなく用益権者である。彼らはこの歴史遺産を大切に維持管理し、自分たちで収益を得て暮らしている。

　ほぼ1世紀にわたって行われてきた活動のひとつが、地域の牧場でとれた牛乳を使ったチーズづくりである。これは農業の振興策であり、農業で自活する人々を支える方策でもあった。現在、そうした状況は大きく変わったが、修道士たちはトラピストチーズづくりをつづけ、生活を維持している。1907年からつくられているこのチーズは、低温殺菌した全乳を使用し、聖堂の主祭壇の下にある貯蔵室で30日間熟成される。フランスとベルギーのレシピに基づき手づくりされるこのチーズは、切り口に気泡がなく、やや弾力があり色は淡黄色。形は2種類あり、一方は円筒形で皮に箍の跡がついている。もう一方はカンタブリアの生クリームチーズに似た棒状の形、約1キロほどと小ぶりで、カットした切り口がブラシできれいに整えられている。

トラピスト式のもてなし

　ビアセリ修道院には、不安を抱え、数日間の安らぎと静寂、祈りを求める人々のための広く快適な宿泊所がある。また、修道院の隣には少人数のグループ用の宿泊施設もある。夏の数ヵ月は、修道院が所有する近くのさまざまな施設が子供や青少年の宿泊場所として提供される。

祭壇の下にある貯蔵室で熟成中のチーズを見守る修道院長のフランシスコ・カストロ神父。貯蔵室内では、湿度と温度がほぼ一定に保たれている

修道会風 インゲン豆とシバエビのクリームスープ

Crema monasterial de alubias con gambas
クレーマ モナステリアル デ アルビアス コン ガンバス

材料

— 水ゆで白インゲン豆（瓶詰）　　500g
— タマネギ　　1個
— 野菜スープストック　　500mℓ
— シバエビ（殻をむいたもの）　　250g
— カイエンペッパー　　1個
— ニンニク　　1片
— パン　　6枚
— チャイブ*1（飾り用）
— オリーブ油
— 塩、コショウ

*1　西洋アサツキ。ネギの一種で、西洋料理では日本のネギのように使われる

調理法

- 白インゲン豆をざるにあけて、水気を切っておく。カスエラ鍋にオリーブ油を少々入れて火にかけ、温まるあいだにタマネギの皮をむき細かく刻んでおく。刻んだタマネギを土鍋に入れて弱火で炒め、透き通ったら豆を入れる。
- 少しかき混ぜて、前もって温めておいた野菜スープストックを加える。10分ほど火にかけたら火からおろし、ミキサーにかけて滑らかにする。豆の皮があたるのが嫌で、クリームをより滑らかにしたければ、さらにすり棒を使って漉し器でこす。塩加減をととのえて、コショウを挽いて加える。
- フライパンにオリーブ油を少々入れ、熱くなったら、皮をむいてスライスしたニンニクとカイエンペッパーを入れる。ニンニクに焼き色がついたら、殻をむいたエビを入れて2～3分炒める。
- スープボウルか深めの皿にクリームスープをよそい、エビを上に置く。刻んだチャイブ少々か、生のチャイブを一枝飾り付け、トーストか、エビを炒めた油で揚げたパンのスライスなどを添える。

レバーの炒め物

Higado en salsa
イガド エン サルサ

材料
- 仔牛のレバー　　　750g
- オリーブ油　　　大さじ4
- タマネギ(中)　　　1個
- ニンニク　　　　　6片
- イタリアンパセリ
  (刻んだもの)　　　4房
- パン粉　　　　　大さじ3
- 白ワイン　　　1/2カップ
- 塩、コショウ

調理法
- カスエラ鍋にオリーブ油を入れて、細切りにしたタマネギをじっくり炒める。透き通ったら、ニンニクを加えてさらに1分炒めてソフリート(野菜の調味料)にする。
- レバーを細切りにしてソフリートの土鍋に加える。レバーに火がしっかり通るまでさらに数分炒める。
- 次に白ワイン、刻んだイタリアンパセリを入れ、ソースが濃くなるようにパン粉を加える。
- 火を中火に弱めて、汁気が無くならないように気をつけながら、30～40分火にかける。汁気が無くなりかけたら、お湯かワインを足す。塩コショウして仕上げ、ゆでたジャガイモと生のトマトを添えて熱いうちにいただく。

話の種
レバーは鉄分とビタミンAが豊富だが、ビタミンAは摂取しすぎると体に良くないので食べ過ぎるのはいけない。実際、エスキモーは、ホッキョクグマのレバーは食べない。人間に有害なほどのビタミンAを含むのだ。また、フグの肝は、人間が食べればそのまま死に至る。

カスティーリャ=ラ マンチャ

サン パブロ修道院

Monasterio de San Pablo

現在のパラドール ナシオナル デ クエンカは、かつてドミニコ会のサン パブロ修道院だった。街の郊外にあるこの建物は美しい自然に囲まれ、ウエカル峡谷に船の舳先(へさき)のように突き出た巨岩（クエンカでは「オシーノ」と呼ばれる谷川の狭窄部）に立つ。かなりの高さで、眼下には川が流れ、目前にはカサス コルガーダス（宙吊りの家）がある。この修道院を建てたのは、クエンカ大聖堂の建設者でもあるフアン・アルビスとペドロ・アルビスの兄弟である。彼らの建築様式は、ゴシック様式の骨組みとルネサンス様式の装飾を融合させた、16世紀初頭に特有のスタイルだった。

優美な回廊をもつ修道院はペドロ、後期ゴシック様式の骨組みにルネサンス様式の装飾をほどこした聖堂はフアンが建てたとされている。

伝説の由来

それにしてもあの時代に、こんな荒涼とした地にいったい誰がどのような理由で修道院を建てさせたのか。諸説あるが、クエンカの司教座聖堂参事会員フアン・デル・ポソの費用で建てられたというのが妥当な説といえそうだ。なぜなら、聖堂のクロッシングの中央に彼の遺体が埋葬されているからだ。これは建設を依頼した本人のみに許される慣習だった。埋葬場所は、のちに聖堂の右の壁側に移された。

巨大な石の船のようにウエカル峡谷に浮かび上がる修道院。19世紀末につくられた細長い鉄橋でクエンカの街と結ばれている

堅牢な建物

聖堂は広々とした身廊がひとつにクロッシングと内陣からなり、全体が交差ヴォールトの天井で覆われている。フアン・デル・ポソの存命中には正面ファサードが建てられるには至らず、幾多の苦難を経て18世紀にようやく完成する。ちょうどバロック様式からロココ様式への過渡期だった。聖堂のまわりには、「オシーノ」をほぼ埋めつくす形で、修道院と一連の付随する建物がつくられた。1534年、フアン・デル・ポソは高低差の激しいウエカル峡谷に、修道院とクエンカの街をつなぐ橋の建設を命じた。その橋は老朽化によって1895年に取り壊され、当時の建築様式に沿った鉄橋に取って代わられた。

永代所有財産解放令により、ドミニコ会修道士は1836年にこの修道院を離れるが、競売にかけられた建物をクエンカの司教が購入し、神学校につくり変える。1975年、建物はついに教会の手を離れ、修復を経て1993年に国営パラドールとして生まれ変わった。

世界遺産都市 クエンカ

1996年12月7日、独創的な旧市街の風景を残すクエンカは、ユネスコの世界遺産都市に登録された。そこには中世の要塞があり、12世紀から18世紀にかけての世俗的・宗教的文化財の数々があり、都市と美しい自然環境との異例のフュージョン（融合）が見られる。

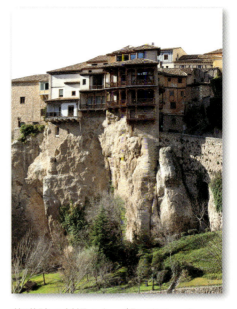

修道院の斜堤から一望できる、クエンカの街の絶景。ウエカル川が流れる印象的な渓谷の風景と有名なカサス コルガーダスが間近に見える。

サン パブロ修道院

ひとくちドーナツ
修道女の溜息

Suspiros de monja
ススピーロス デ モンハ

材料
- バター　　　　　　　200g
- 砂糖　　　　　　　　400g
- 溶き卵　　　　　　　5個
- 水　　　　　　　　　500mℓ
- 小麦粉　　　　　　　500g
- レモンの皮　　　　　1切れ
- オリーブ油（揚げ用）

調理法
- バター、砂糖、レモンの皮、水を入れたカスエラ鍋を火にかけ、沸騰し始めたらレモンの皮を取り除く。
- 小麦粉を少しずつ加え、木べらでかき混ぜながら15分、または鍋底から簡単にはがれるようになるまで、火にかける。
- 火からおろして冷ましてから、卵をひとつずつ、かき混ぜつづけながら加えていく。
- 生地を調理台に広げて切る。
- フライパンにたっぷりとオリーブ油を入れ、十分に熱したら、生地を入れて焼き色がつくまで揚げる。
- 油っぽくなりすぎないように、フライパンからひき上げたら、キッチンペーパーにのせておく。好みで粉砂糖を振りかけてもよい。

スペイン風 リエット

モルテルエロ

材料

- 野ウサギまたはウサギ肉　　1/2匹
- ヤマウズラ　　　　　　　　1羽
- 鶏肉　　　　　　　　　　　1/4羽
- 生ハム　　　　　　　　　　250g
- 豚レバー　　　　　　　　　250g
- ベーコン　　　　　　　　　250g
- パン粉　　　　　　　　　　300g
- オリーブ油　　　　　　　　150mℓ
- 塩
- コショウ
- パプリカ粉
- キャラウェイ（粒状）
- クローブパウダー
- シナモン

調理法

- すべての肉を鍋で3時間ゆでる。ゆで上がったら、鶏は骨と皮を取り除き、すべてを包丁で細かく刻む。ゆで汁はとっておく。
- 大きなフライパンでオリーブ油を温め、十分熱くなったら一度火からおろしてパプリカ粉を加え、そのまま5秒待ってから、ゆで汁、スパイス類、塩を加える。フライパンをふたたび火にかける。
- 沸騰し始めたら、パン粉を加える。5分ゆでてから、細かくした肉を入れ弱火でさらに20分、底にこびりつかないように時々かき混ぜながら加熱する。
- 塩で味をととのえ、テリーヌ型に盛り付け、塗って食べるようにパンを添える。

歴史を少々……

この伝統的な料理は、11世紀の『el Fuero de Molina（モリーナの法則）』に早くも記録されている（名前は違うが）。また15世紀、ルペルト・デ・ノラの『Llibre de coch 料理の書』（カタルーニャ語）には、「モルテルエロと呼ばれる粥状のもの」として載っている。ここで紹介されているレシピでは、材料は、固くなったパン、アラゴン産のチーズ、焼いたマトンのもも肉。すべてを「モルテロ」（すり鉢）でつぶし、山羊乳とアーモンドミルクで溶かすとある。

カスティーリャ＝ラ マンチャ

サン フランシスコ修道院
Monasterio de San Francisco

木の一枚扉以外に装飾のないファサードは、この建物が以前は修道院であったことを思い出させる

ラ マンチャ地方の町アルマグロに立つこの建物は以前はサン フランシスコ修道院だったが、今では国営パラドールとなっている。ここは当初、跣足フランシスコ修道会が居住していた。

この修道院で暮らす修道士や托鉢修道士には、アッシジの聖フランシスコの規律が課されていたに違いない。祈祷、布教、労働は彼らの日課だった。この建物は、学士ヘロニモ・デ・アビラ・イ・デ・ラ・クエバの意向で建てられたのだが、そこへ至るまでには、資金面でも運営面でも数々の困難を乗り越えなければならなかった。

厳格な規律

17～18世紀にかけて、フランシスコ修道会はついにアルマグロで安住の地を得る。当時の年代記によると、フランシスコ会の修練は、他の修道会が日常的に行っていたものよりも厳しかった。修道士たちは夜の12時に自室から聖堂へ行き、ひざまずいて3時間祈りを捧げなければならなかった。「マイティネス」と「パルボ」と呼ばれる日課の祈祷である。短い休憩のあと、夜が明けて「ペルデ」の鐘が鳴ると、「プリマ」の祈りのためにふたたび集合し、さらにミサとその後の「テルシア」の祈祷に参加する。午前10時ごろにやっと最初の軽い食事をとるが、そのあいだも修道士のひとりが聖書を朗読する。

昼になると、修道士たちは修道院を出て、近隣のカラトラバ地区の村々を巡り布教活動をした。

宿泊所としての伝統

サン フランシスコ修道院は、宿泊所としての長い伝統をもつ。年代記によれば、ここは巡礼者が安らぎを求めて頻繁に訪れる場所であり、とりわけ聖年（巡礼者に特別の赦しが与えられる年）には多くの人々がやってきた。その年代記はまた、この修道院が即席のコメディー劇場となったことも伝えている。もっとも、公演の内容が非宗教的だったため、世俗的すぎるこの活動はたち

ナスは人気の高いアルマグロの名産品であり、アラビア風の味付けで調理される。アルマグロ産のナスは「地理的表示」で保護された野菜である。

まち停止された。

ともあれ、今はパラドールの客室となっている部屋で暮らしていた修道士たちには、修道院の果樹園で作物の世話をするだけの時間があったに違いない。果樹園は1ファネガ（約1万2000平方メートル）分の広さがあった。

粗石積みの建物、切り石とレンガを交互に配した回廊、土壁で仕切られた個室と、修道院内はもともと厳しい禁欲的基準に沿って建設されていた。この古い建物で、明らかにムデハル様式の痕跡をとどめる回廊と半円連続アーチのある四角いプランは今も残っている。一方、聖堂はそれほど禁欲的ではなく、より17世紀の風潮に合ったスタイルである。メンディサバルの永代所有財産解放令を受け、この修道院は1850〜1878年まで病院に姿を変える。その後まもなく、フランシスコ修道会がふたたび修道院として復活させるが、厳しい戒律に従った生活に甘んじる修道士が少なくなり、1942年に閉鎖が決定した。

現在の国営パラドール

パラドール デ アルマグロは1979年に開業したが、1999年になって大規模な改装が行われた。現在、客室は全部で54室ある。どの部屋の窓も、鳥のさえずりと噴水のせせらぎしか聞こえない静かな中庭に面している。かつて食堂だった場所は、美しいパティオ デル アグア（水の中庭）を臨むレストランになっている。毎年7月にそのパティオで料理講習会が開かれ、好評を博している。見事な陶製の大がめがあるワイン貯蔵庫は今ではカフェテリアとなり、噴水とブドウ棚のあるパティオに面したテラスもある。大講堂はイベントホールになり、公的な催しが開かれるほか、毎年夏に開催される国際古典劇フェスティバルの期間中は記者会見場となる。

3枚の写真は、現在のパラドール デ アルマグロの様子。奥まった静かな場所がたくさんある

サン フランシスコ修道院

ヤマウズラのマリネ

Perdiz escabechada
ペルディス エスカベチャーダ

材料

— ヤマウズラ　　　2羽
— ニンニク　　　　4片
— ローリエ　　　　2枚
— クローブ　　　　1個
— タイム　　　　　1房
— タマネギ　　　　1個
— ニンジン　　　　1本
— オリーブ油　　　1カップ
— シェリービネガー
　　　　　　　　　1/2カップ
— 白ワイン　　　　1カップ
— 塩、コショウ

調理法

- ヤマウズラの下処理をして、残っている毛をバーナーで焼く。
- 下味をつけ、オリーブ油をひいたフライパンを中火にかけ、軽く焼き色がつくまで焼く。
- 深いカスエラ鍋に移し、白ワイン、ビネガー、オリーブ油、皮をむいたニンニク、ニンジン、ローリエ、タマネギと、クローブ、タイムを入れる。
- 柔らかくなるまで、大体1時間ほど煮て、グリーンサラダを添えて盛り付ける。ウズラや野ウサギも同様の調理ができる。
- この料理は保存性に非常にすぐれている。深い容器に入れて、全体がマリネ液に浸るようにしておけばよい。食べる時は、液も少し一緒に温める。

話の種

マリネはそもそも、肉や魚をワインビネガーなどの酸っぱい液に付け込んで保存するという、素朴な目的から生まれた。こうしたものは通常pH4や5などの酸性なので、腐敗菌の繁殖を防ぎ、トリメチルアミンと呼ばれる腐敗臭の元となる有機化合物の合成を阻害する。

ラ マンチャ風 野菜の炒め煮(ピスト)

Pisto manchego
ピスト マンチェーゴ

材料

- 赤ピーマン　　　　　　1個
- ピーマン　　　　　　　2個
- ジャガイモ(中)　　　　2個
- タマネギ(中)　　　　　2個
- ズッキーニ　　　　　　1個
- トマト　　　　　　　　3個
- バージンオリーブ油
- 塩

調理法

- ピーマンとタマネギを細切りにする。
  フライパンにオリーブ油大さじ2を入れて熱し、切った野菜を入れる。塩を少々加える。
  中火でおよそ20分、焦げ付かないように時々かき混ぜながら火にかける。
- 20分煮込んだら、皮をむいてさいの目切りにしたズッキーニを入れる。10分経ったら、皮をむいて刻んだトマトを加える。くっつかないように時々かき混ぜながら、汁気が無くなるまで煮込む。味見をして、必要であれば塩を足す。
- 別のフライパンでさいの目に切ったジャガイモを炒め、この「ピスト」に加える。
  目玉焼きを添えてもよい。

カスティーリャ=ラ マンチャ

サン フアン デ ロス レイエス修道院
Monasterio de San Juan de los Reyes

トレドにあるこの修道院は、カトリック教徒イサベル女王一族の墓所として建てられ、女王が篤く信仰した福音記者ヨハネ（サン・フアン）を奉献していた。当初のこうした目的から、建物は棺台を模した形になり、周囲に大ロウソクのようにピナクル（小尖塔）が配された。

王家の依頼

修道院の建築を任されたのは、「王室建築家」の称号を初めて名乗ったフアン・グアスである。ファサード全体には居住する修道会にちなみ聖フランシスコの腰ひもを模した綱形装飾がほどこされている。多角形のカベセラ（聖堂奥の聖域）には、てっぺんにピナクルを冠した控え壁があり、そこにカトリック両王の盾形紋章のついた服をまとう上級紋章官と伝令官の実物大の像が飾られている。クロッシング部分を覆う八角形のドーム屋根は、塔上狭間（はざま）とゴシック様式のピナクルで飾られている。そして側面のファサードに彫られた「十字架の道行き」の場面には、なぜか聖母マリアと聖ヨハネの姿はあるがキリストの姿が見あたらない。十字架上にとまっているペリカンがキリストを象徴しているからだ。ペリカンは自分の血を与えてひなを育てる能力をもつことから、中世では一種の聖体として崇められていたのである。

聖堂

後世まで王家の墳墓となるよう、広々としたクロッシングをもつ聖堂が設計された。彫刻でつくったタペストリーのような多角形のカベセラには、ムデハル様式の影響が見られる。突起が8つある星を散りばめた丸天井は入隅迫持（いりすみせりもち）に支えられている。身廊のクロッシングにある銘文装飾は伝統的ムデハル様式特有のもので、グラナダ征服について記されている。聖堂で最も下手にある入口には高いクワイヤがあり、身廊から大祭壇へ歩み寄るにつれて空間の明るさが増していく。メインの礼拝堂にずらりと並ぶ王家の盾形紋章は1492年以前のものである。というのは紋章にザクロ（グラナダ）の実が描かれていないからで、ザクロは1492年にカスティーリャとアラゴンの連合王国に征服されたグラナダ王国のシンボルであり、聖堂内にはカトリック両王を暗示する寓意画がいくつも見られる。イサベル女王は結集した兵力を示す矢の束と、当時の綴りによるイニシャル「Y」で表象されており、フェルナンド王は「F」の文字と、「tanto monta（イサベル女王とフェルナンド王は同じ権力をもつ）」という銘句が記された軛（くびき）が表象になっている。アレクサンドロス大王がゴルディアスの結び目を断ち切った（難問を一刀両断に解決した）有名な伝説を彷彿とさせる言葉である。

回廊の2階部分を覆う木の天井にあるラセリア装飾。写真はその中心部分

回廊

もうひとつの重要な空間が、上下2段になった正方形の回廊だ。後期ゴシック様式の傑作、芸術性の高いイスパノ フラメンコ様式、つまりゴシック様式とムデハル様式の要素を併せもつ、フアン・グアスの建築に特徴的なスタイルである。回廊の各辺には開口部が5つあり、一辺が聖堂の身廊のちょうど中間部分

と接している。回廊の1階部分はドイツ式の交差ヴォールトに覆われているが、中央でリブが合わさらないため、アーチの要石はない。

　回廊の2階には格天井(ごう)があり、ムデハル様式に特徴的なラセリア装飾(リボン飾りのような幾何学模様)が見られ、円柱やアーチ、角柱は動植物のモチーフに覆われている。そうしたモチーフの多くはシンボルの役目も果たす。聖堂の外壁に吊るされた鎖も目を引く。長きにわたるグラナダ遠征中に解放された捕虜たちが献納した鎖が、1494年にそこへ吊るされたのだ。この修道院はスペイン独立戦争でほぼ破壊され、一部のみが再建された。

イサベル様式は、カトリック両王時代のカスティーリャ王国に見られる、後期ゴシック様式から初期ルネサンス様式への移行を示すスタイル。その最も美しい例がサン フアン デ ロス レイエス修道院である。独創的で、装飾的なイスラム美術やムデハル様式、フランドル建築、さらに度合いは少ないがイタリア建築の影響も見られる。

フランシスコ修道会

　サン フアン デ ロス レイエス修道院は、創設以来ずっとフランシスコ会によって運営されている。現在は11人の修道士が教区を管轄し、誓願を立てた世俗の信徒や神学生のための友愛会を結成している。

回廊の1階にある尖頭アーチには、凝った火炎模様の装飾がほどこされている。2階部分のアーチはもっとシンプルだが、見事な格天井が異彩を放つ

サン フアン デ ロス レイエス修道院

白インゲン豆のサラダ

Ensalada de judías blancas
エンサラーダ デ フディーアス ブランカス

材料
- 白インゲン豆（ゆでたもの）　400g
- トマト　1個
- 赤ピーマン　1/2個
- ピーマン　1/2個
- タマネギ　1/2個
- ツナ缶　1個
- キュウリ　1/2本
- ゆで卵　2個
- スタッフドオリーブの缶詰（小）　1個
- オリーブ油
- ビネガー
- 塩

調理法
- タマネギ、ピーマン、トマト、キュウリ、ゆで卵を刻む。
- ボウルに白インゲン豆（楽なので缶詰でもよい）を入れ、切った野菜、ゆで卵と混ぜる。
- ツナとオリーブをのせ、塩、ビネガー、良質のエキストラバージンオリーブ油で味付けする。
- 少なくとも20分は冷蔵庫で寝かせておく。材料は、季節によっていろいろと変えられる。スイートコーンや、セロリ、チコリなどを加えてもよい。
また、白インゲン豆（フディーア）は、ヒヨコ豆（ガルバンソ）でもよい。

ピーマンの野菜詰め

Pimientos rellenos de verduras
ピミエントス レジェーノス デ ベルドゥーラス

調理法
- ピーマンを破かないように注意しながら、ヘタと種を取り除く。柔らかくなるまでオーブンで焼く。
- ズッキーニの皮をむき、細かく刻む。マッシュルームを洗って石づきを切り、細かく刻む。ズッキーニとマッシュルームに塩を振って、一緒にフライパンでよく炒める。
- 別のフライパンにオリーブ油大さじ3を入れ、みじん切りにしたニンニクを炒める。小麦粉を少しずつ加え、こげ茶色になるまで炒め、たえずかき混ぜながら室温にした牛乳をゆっくりと加えていく。
- イタリアンパセリを少々加えて、ソースが濃くなるまでかき混ぜつづける。ここで油を切ったマッシュルームとズッキーニを入れる。
- できあがった詰め物を、焼いたピーマンにスプーンで入れていく。もう一度オーブンに戻し、5分温める。

材料
- ピーマン　5個
- ズッキーニ　2個
- マッシュルーム　600g
- 牛乳　600mℓ
- 小麦粉　500g
- ニンニク　3片
- オリーブ油
- イタリアンパセリ、塩

カスティーリャ=ラ マンチャ

インマクラダ修道院 Monasterio de la Inmaculada

クラレチアン宣教会に属するインマクラダ修道院はトレド県のエル トボソという村にある。大きな塔と簡素な装飾、エル エスコリアル修道院を思わせるスタイルから、インマクラダ修道院は「ラ マンチャのエスコリアル」「三位一体修道会のエスコリアル」と呼ばれた。1660年にアレホ・マルティネス・ニエバ・イ・モラレスによって創設され、1680年に改革者アンヘラ・マリア・デ・ラ・コンセプシオン尼がここから三位一体修道会の基礎固めを始めた。

修道院の外観

正面ファサードを挟む形で、かなり高さのある四角形の塔がふたつ立っている。このファサードはわずかな刳方（くりかた）（部材をえぐった装飾）により上下二層に分断されている。窓は小さく、ファサードの中心部分には、ふたりの天使に囲まれた聖母マリアをかたどったこの修道院の美しい盾形紋章がある。コーニス（軒蛇腹）の上には鐘がふたつ並んだ一枚壁の優美な鐘楼が立ち、そのてっぺんは縦に二分されたペディメントになっている。前述の双塔はほかの部分よりも2階分高く、修道院への入口となっている一方の塔には、創設者アレホ・マルティネス・ニエバ・イ・モラレスの盾形紋章がある。

聖堂

聖堂へは交差ヴォールトに覆われた入口から入る。聖堂のプランはラテン十字形で、身廊と交差する翼廊が短いのは、17世紀なかばの聖堂によく見られる特徴である。クロッシングの上には、オレンジを半分に切った形のドームがあり、三位一体の装飾をほどこしたペンデンティブ（四隅を支える三角形状の支柱）がそれを支えている。身廊は3つに区切

歴史あるこの建物は、まさに芸術的至宝である。総石造りの荘厳な外観は、純然たるエレリアーノ様式。建物の総面積は9000平方メートル、ファサードは100メートルに及ぶ

インマクラダ修道院があるエル・トボソは、かの有名なセルバンテスの『ドン・キホーテ』に登場する村として知られる。その村に、「高潔なるラマンチャの貴婦人にして、比類なき美貌の持ち主」——郷士ドン・キホーテの想い姫ドゥルシネアは住んでいた。

られ、窓の上にルネット（採光用の半円形の窪み）がある筒形ヴォールトに覆われている。聖堂内はバロック様式の簡素な造りで、幾何学模様の石膏細工がほどこされている。下手にある高いクワイヤも、建築構造は他の部分と変わらない。

　レタブロの改修が行われたのは18世紀末が最後で、そのときネオクラシック様式の特色が加わった。レタブロの中央を飾る絵画は創設時からあるもので、そこには三位一体とともに修道会の庇護者とこの修道院の守護聖人が描かれている。聖カタリナの車輪の部分に画家のサインが見つかり、ポルトガル出身のマヌエル・デ・カストロの作であることがわかった。クラウディオ・コエーリョの弟子で、1698年から亡くなる1712年まで宮廷画家として仕えた人物である。

聖美術館

　修道院内には聖美術館があり、彫刻や絵画、金銀細工、聖杯、金糸の装飾刺繍その他の細工品など、この建物の歴史の長さを裏付ける見事なコレクションが展示されている。

インマクラダ修道院内には聖美術館があり、絵画や17世紀スペインの聖像彫刻、金銀細工、金糸刺繍など、貴重なコレクションが展示されている。修道女たちは祈りの合間に繊細な刺繍に励む。作品は美術館の売店で販売されている

インマクラダ修道院

ラ マンチャ風 ヒヨコ豆のポタージュ

Garbanzos manchegos
ガルバンソス マンチェーゴス

材料

- ヒヨコ豆の水煮の瓶詰（大） 1瓶
- ホウレンソウ 1束
- パン（残りもの） 100g
- 卵 2個
- ニンニク 3片
- タマネギ 1個
- アーモンド 50g
- トマト（すりつぶしたもの） 200g
- ジャガイモ（大） 1個
- パプリカ粉 小さじ1
- クミン 小さじ1
- ローリエ 2枚
- 牛乳
- オリーブ油
- 塩
- コショウ

調理法

- よく洗ったヒヨコ豆と、皮をむきあら切りしたジャガイモ、ローリエを鍋に入れる。かぶるくらいの水を入れ、30分弱火にかける。
- その間に、具を準備する。まずスライスした残り物のパンの半分を牛乳に浸す（残り半分は、アーモンドと一緒にすりつぶすために残しておく）。
パンに牛乳が十分に浸み込んだらボウルに移し、卵、みじん切りにしたニンニク1片、塩コショウを加えてよくこねる。小さく分けておく。
- オリーブ油をひいたフライパンを熱し、先のパンと卵でつくった生地を入れて、焼け目がつくまで火にかける。
- 残しておいたパンの両面を十分に焦げ目がつくまで焼いて冷ます。パン、アーモンド、ニンニク2かけ、塩少々を鉢などで十分に細かくすりつぶす。
- タマネギをみじん切りにして、フライパンにオリーブ油をひいて弱火で数分炒める。トマトを加えて、汁気が飛ぶまでさらに炒める。
フライパンを火からおろしてから、パプリカ粉を加える。
ホウレンソウはよく洗って細かく刻んでおく。
- ヒヨコ豆とジャガイモの鍋を十分に火にかけたら、ホウレンソウ、パンとアーモンドをすりつぶしたもの、タマネギとトマトを炒めたソフリート（野菜の調味料）を加え、最後にクミン少々を入れて味をととのえる。
- 鍋にふたをして、さらに20分火にかける。そこに先につくったパンと卵の生地を焼いた具を加え、さらに10分火にかける。
最後に塩加減をみて、いただく。

鳩肉の詰め物

Pichones rellenos
ピチョネース レジェーノス

材料

- 鳩肉　　　　　　　　　　3 羽
- オリーブ油　　　　　　　大さじ 4
- ゆで卵　　　　　　　　　2 個
- 生ハム　　　　　　　　　125g
- タマネギ　　　　　　　　20g
- 牛乳　　　　　　　　　　2 カップ
- 塩　　　　　　　　　　　少々
- オレガノ　　　　　　　　少々
- 食パン　　　　　　　　　2 枚
- イタリアンパセリ　　　　2 房
- コショウ　　　　　　　　少々
- 粉チーズ　　　　　　　　50g
- 水　　　　　　　　　　　1 カップ
- 白ワイン　　　　　　　　1/2 カップ

調理法

- 鳩肉は、下処理を十分にするため羽毛を抜き、内臓を取り除き、残った毛をバーナーで焼いておく。全体にオリーブ油を塗り、塩コショウする。
- ゆで卵をつくって、冷めたら生ハムと合わせて細かく刻む。パンを牛乳に浸し、先の刻んだ卵とハム、イタリアンパセリ大さじ 3、タマネギ、オレガノ、粉チーズと合わせる。
- 混ぜた詰め物を 3 つに分け、鳩肉に詰めていく。ももの部分を外に飛び出させたくなければ、背側に少し切り込みを入れ、そこに足の先を入れればよい。手羽の方も同様で、脇に切れ目をつけて手羽先を入れればよい。
- オーブン皿にオリーブ油をひき、水 1 カップと白ワイン 1/2 カップを入れる。そこに鳩肉を入れて、オーブンで柔らかくなるまで焼く（約 30 分）。熱いうちに、染み出てきた肉汁も合わせて盛り付ける。

カスティーリャ イ レオン

シロス修道院

Monasterio de Silos

ブルゴスの片隅に

　サント ドミンゴ デ シロス修道院は、カスティーリャ地方の広大なメセタにある小さな谷の東側に位置する。この修道院に保管されている最古の記録（954年）によると、谷はすでにタブラディーリョと命名されていた。そのタブラディーリョ谷、とりわけシロスにおける修道生活は9世紀の末、ちょうどカスティーリャ地方でレコンキスタが展開していた時期に始まり、当初は家庭的な農園のような形だったようだ。しかし10世紀以降は、サン セバスティアン デ シロス修道院として歴史に登場する。ところが、後ウマイヤ朝の宰相アル・マンスールの略奪により、この修道院は物質面でも信仰面でも深刻な退廃状態におちいってしまう。そうした時期であった1041年、ちょうどカスティーリャ王フェルナンド1世の時代にあらわれたのが、リオハのサン ミリャン デ ラ コゴリャ出身の修道士ドミンゴだった。シロスの修道院長に任命された彼は、それから32年間にわたり、熱意にあふれる復興者とともに、建物と修道会の両方に新たな息吹を与える。1073年12月20日に没したドミンゴは1076年に聖人に列せら

柱頭

シロス修道院のなかでひときわ芸術的なのが、回廊の1階部分にずらりと並ぶ64本の柱頭と、ギャラリー四隅をなす4本の角柱の内側を飾るレリーフだ。4本のうち、アスセンシオン イ ペンテコステス（昇天祭と聖霊降臨の大祝日）と呼ばれる南東の角に位置する柱が特に美しい。これは回廊建設を手がけた作家の傑作である。

れ、中世期に奇跡を行った人物として、その墓は中心的な巡礼地となっている。回廊の1階部分の建設が始まったのはそのころだった。回廊の状態から、建設作業が2段階に分けて行われたのは明らかだ。第1段階は11世紀終盤の数十年間で、北と東のギャラリー、続く12世紀に第2段階として、南と西のギャラリーが建設された。それぞれの段階に、独自の工房を使って建設作業にたずさわったふたりの巨匠の手法やスタイルが反映されている。そのころ、シロス修道院で精彩を放っていたのが「写字室」だ。そこでは、現在大英博物館に所蔵されているベアトゥス本（リエバナのベアトゥスが著した『ヨハネ黙示録注釈書』）などの写本がつくられていた。

中世期のシロス修道院

中世後期は、この大修道院が往時の輝きを失っていた時期である。しかし1512年、シロス修道院はバリャドリッドのベネディクト修道会に加わり、もともとの修道院の横に新たな修道院が建設された。そのときに周囲の城壁も建てられ、さらにその後、修道士の居住エリアとなる南翼、サント ドミンゴ礼拝堂、ネオクラシック‐バロック様式の聖堂が建てられた。

離散

1835年11月、メンディサバ

グレゴリオ聖歌の生みの親である教皇グレゴリウス1世は、600年ごろに改革を行い、教会で歌われる数々の聖歌をつくったとされる。この単調な聖歌を歌い継いできたシロスの修道士たちは、ミサで歌って教区の信者を楽しませるだけでなく、テーマごとに何枚ものレコードを録音していた。

ルの還俗令に従って修道会は解散し、シロスのベネディクト会修道院の生活は45年ものあいだ中断され

回廊の円柱は入念につくられ、柱頭には多彩なテーマの図像が彫られている

現在、シロス修道院には30数名のベネディクト会修道士がおり、そのうち何人かは外国出身の修道士だる。しかし幸いにして、1880年12月18日、ソレム修道院の修道士イルデフォンソ・ゲピンに導かれ、フランスのリグージュ修道院からベネディクト会修道士の一団がやってきた。彼らが賢明にも廃墟となった修道院を避難場所に選んだおかげで、シロスは完全なる崩壊から救われたのである。修道士たちは英雄的なまでに修道院の再興に尽力し、建物等の修復に加えて文化的遺物の回復にも努めた。その結果、中世期の写本が14点、同じく中世期の勅許状が多数、さらに近代の記録文書の大半が発見された。

資料館と薬局

そのころから現在に至るまで、シロスの修道会は精力的に活動をつづけてきた。回復した遺物を生かし、昔の薬局の隣に立派な資料館を開設したほか、回廊も公開している。薬局は18世紀初頭（1705年）のもので、専用の植物園、生化学実験室、図書室、多数の薬瓶があった。そこを訪れれば、400冊近い蔵書をもつ図書室や、貴重なコレクションである、修道院の調剤室用につくられた紋章入りの陶器の薬壺を見ることができる。シロス修道院では、コンサートや期間限定の展示会なども開かれる。精神修養のための宿泊所もあり、共同生活の規則はかなり厳しい。

シロス修道院

シロス風 仔羊のシチュー

Añojo al estilo de Silos
アニョホ アル エスティーロ シロス

材料

— 仔羊肉	500g
— タマネギ	2個
— ニンジン	2本
— 赤ピーマン	1個
— ジャガイモ	2個
— ニンニク	3片
— ローリエ	1枚
— タイム	少々
— オレガノ	少々
— 白ワイン	1カップ
— オリーブ油	
— 水	

歴史を少々……

1040年、ヴァイエンシュテファン（ドイツ）のベネディクト会修道院の修道院長が、フライジング市より、ビールの製造販売の特権を受けた。これが修道会でのビール造りの始まりだと考えられている。12世紀から13世紀のあいだは、修道士たちはより良いビール造りに力を注ぎ、3種類のビールを完成させた。ひとつは、巡礼者や使用人のための軽いもの。もうひとつは、僧侶、修道士や労働者のための適度なもの。そして、真のビール「プレミアム」で、修道院長や高位聖職者、町の重鎮などに供された。

調理法

- 仔羊肉の余分な脂をすべて取り除き、ひとくち大に切る。カスエラ鍋にオリーブ油大さじ6を入れて、タマネギ、ニンニク、ピーマンを軽く炒め、そこに切った肉を入れる。ローリエ、タイム、オレガノと白ワイン1カップ、水2カップを加える。
- しばらく煮込んだら、皮をむいて細かく切ったニンジンを入れる。火からおろす30分前に、角切りにしたジャガイモを加える。
- 汁がすべてなくならないように注意し、必要であれば水を少し足す。
- いただく直前に塩を足し、好みでコロランテ（着色料）を少々入れればできあがり。

カボチャのポタージュ

Crema de calabaza
クレーマ デ カラバサ

材料

— カボチャ　　　　　　　　　　1kg
— タマネギ（中）　　　　　　　2個
— ポロネギ（小、白部）　　　　1本
— バター　　　　　　　　　　　100g
— ジャガイモ　　　　　　　　　1個
— 小麦粉　　　　　　　　　　　大さじ1
— オリーブ油
— 塩

調理法

- カボチャの皮をむき、さいの目切りにする。大さじ1～5のオリーブ油でみじん切りにしたタマネギとポロネギを炒め、よく火が通ったらカボチャを加えて、弱火で数分炒める。
- バター、小麦粉大さじ1、さいの目切りのジャガイモを加える。温水をかぶるくらいに入れる。
- ジャガイモとカボチャが柔らかくなるまで弱火にかける（約30分）。
- 全部をミキサーの容器に移し、かたまりが無くなるまで細かくする。クルトンを添えたりイタリアンパセリを振ったりしてもよい。

ご存じですか？

カボチャは、中米初の栽培植物であったと思われる。メキシコでは非常に好まれていたが、果肉ではなくて種が目的だった。カボチャの種は非常に栄養価が高く、しかも長い保存に適していた。16世紀にメキシコからスペインにもたらされ、ここからヨーロッパ中に広がっていった。大きな花も食べることができ、フライや、衣のごく薄い「テンプラ」として食べられることが多い。

カスティーリャ イ レオン

サン マルコス修道院　Monasterio de San Marcos

現在、1964年開業のパラドール、1541年に聖別された教会、1869年に建設されたレオン博物館が同居するこの建物は、12世紀に王女サンチャが聖堂と施療院を建てるために寄贈した土地に建てられた。王女の目的は、サンティアゴ街道（聖ヤコブの道）をたどる貧しいキリスト教徒に宿を与えることにあった。こうして、町の城壁の外、ベルネスガ川のほとりに、質素な施設が建てられた。

最初の改築

16世紀初頭、古い中世の建物は取り壊され、「カトリック王」フェルナンド2世はその場所に新たな修道院を建てるよう建築家ペドロ・デ・ラレアに依頼する。実際に改築作業を遂行したのはフアン・デ・オロスコであり、マルティン・デ・ビリャレアル、フアン・デ・バダホス（同名の父親ではなく息子）も作業に加わり、彫刻家フアン・デ・フニとフアン・デ・アンヘルスも協力した。そのころすでに、この建物はレオン王国におけるサン

サンティアゴ騎士団の騎士たちは、レオンの地に夢のように華麗なルネサンス様式のファサードを与えた。その奥の壮大な建物には、巡礼者の宿泊所や学校、病院、監獄があった。永代所有財産解放令が発令された当時、この建物の価値は98万5700レアルと査定されていた。

ティアゴ騎士団の主要な拠点となっていたが、改築作業は18世紀に入るまで続いた。

レオンにおけるルネサンス様式の至宝

サン マルコス修道院は、スペインでも最も秀でたルネサンス建築のひとつである。プラテレスコ様式のファサードは巨大な一枚の壁で、広大な台石と1、2階部分からなり、全体に塔上狭間と燭台型の装飾がほどこされている。建物の西端には塔があり（広い土台をもつ壮麗

中世期に起源をもち、ルネサンス様式を模して18世紀に全盛を極めたこの建物は、1960年代に大改修され国営パラドールとなった。左の写真は、ゴシック様式の回廊の一翼

な塔で、巨大なサンティアゴ十字と一頭のライオンがひときわ目立つ)、反対側には聖堂がある。正面ファサードは2層からなり、巨大なペイネタ（飾り櫛）が水平方向を分断している。回廊は16、17、18世紀と3段階に分けて建てられたが、ひとつの建造物としての統一性や調和は保たれている。聖堂は後期スペインゴシック様式、いわゆる「カトリック両王様式」の四角い構造で、未完成のふたつの塔に挟まれている。塔のあいだには大きな交差ヴォールトの天井があり、ポルティコ（柱廊）を覆っている。建物全体で最も興味深いのは、それぞれの塔にひとつずつあるニッチだ。右側の塔のニッチにある、壁に埋めこまれた石碑は、1541年6月3日に聖堂が完成したことを伝えている。

上の写真は、パラドール デ レオンの豪華な部屋。そこではルネサンス様式の美しさが味わえる

レオン博物館

レオン博物館には3つの展示室があり、そのうちふたつが、この建物最大の見どころである。昔の聖具保管室だったその部屋には、この建物をつくった建築家フアン・デ・バダホスの作品が展示されている。レオン博物館とは別にパラドー

ケベードの監獄

オリバーレス伯公爵の申し立てで、作家・詩人フランシスコ・デ・ケベードはこの塀の中に監禁された。4年近い「極めて過酷な監禁生活で、私は3つの病にかかった。寒さと枕元を流れる川のせいで癌を患ったが、外科医もいないため、この手で荒治療をほどこした。極貧ゆえに、私はほどこし物で身を包み命を長らえた。そして私が書く強烈な物語がみなを驚愕させた」

ルにも資料館があり、かつての修道院にあった美術品や調度品が収蔵されている。また、当時の見事な美術品や、ルシオ・ムニョス、ヴェーラ・ザネッティ、アルバロ・デルガド、マカロンといった現代のアーティストの作品も展示されている。

スペイン風パイ 聖ウイリアムの縄

Lazos de San Guillermo
ラソス デ サン ギジェルモ

話の種

こんな逸話がある。1633年、クロード・ロランという名のフランスの料理人が、ケーキの生地をつくっていた。ところが、バターを入れるのを忘れてしまった。失敗を補おうと、生地を薄くのばして、生地の層と層のあいだにバターをはさんでいき、バターがなじむように生地を伸ばしては折りたたみを繰り返した。驚いたことに、できあがった菓子はとても軽く、サクサクでしかもふわふわだった。こうしてパイが生まれたのだという。

材料
- パイ生地　　　　　　　500g
- 砂糖　　　　　　　　　100g
- アーモンドスライス　　　30g
- バター　　　　　　　大さじ1
- 卵白　　　　　　　　　1個

調理法
- 小麦粉を振った調理台の上でパイ生地を伸ばす。あまり薄くなりすぎないようにする。長さ14〜16㎝、幅3㎝ほどに切る。それぞれに、縄目の感じで2回折り返しをする。バターを塗った天板にのせる。
- 砂糖50gと卵白をかき混ぜて濃い目の糖衣をつくり、パイ生地の縄に塗る。絞り器を使ってひも状にかけていってもよい。好みで粉砂糖を振りかけてもよいが、糖衣で十分においしくなっている。
- 予熱したオーブンで中火でパイ生地の縄を焼く。生地が膨らみ、表面に軽く焼き色がつけばよい。冷まして、すぐに食べないのであれば、湿気を避けて保存する。

仔羊のオーブン焼き

Corderito lechal al horno
コルデリート レチャル アル オルノ

材料

— 仔羊肉（レチャル*¹）
　　　　　　　　1/2 匹＝約 2.5kg
— ニンニク　　　　　　　　1 玉
— ラード
— 牛肉エキス
— 水　　　　　　　　　　2 カップ
— 塩

*1　レチャル lechal は、離乳前の生後 4 〜 6 週間、体重 5.5 〜 8kg の羊を指す

調理法

- オーブンに火をつけ、160 度に予熱する。オーバル型の大きな陶器の皿にラードを塗る。仔羊肉にも軽く塗り、塩を振る。
- 別のオーブン皿に水を入れ、皮をつけたままつぶしたニンニク 1 玉を加える。これは、肉が乾かないよう、オーブン内に常に湿気があるようにするためのもの。
- 仔羊肉の皿に水 2 カップとボブリル（Bovril ——水飴状のビーフストックで、19 世紀のイギリスで誕生）のような牛肉エキス大さじ 1 を入れてオーブンに入れる。この肉の皿は、先の水の皿に置くが、水には触れないようにすること。
- 40 分に一度肉をひっくり返し、水分がまだあることを確かめながら、1 時間半ほど焼く。水が無くなってきていたら、足す。最後の 30 分は温度を 180 度に上げ、皮にこんがりと焼き色を付ける。熱々のうちに盛り付け、焼いたジャガイモを添える。

カスティーリャ イ レオン

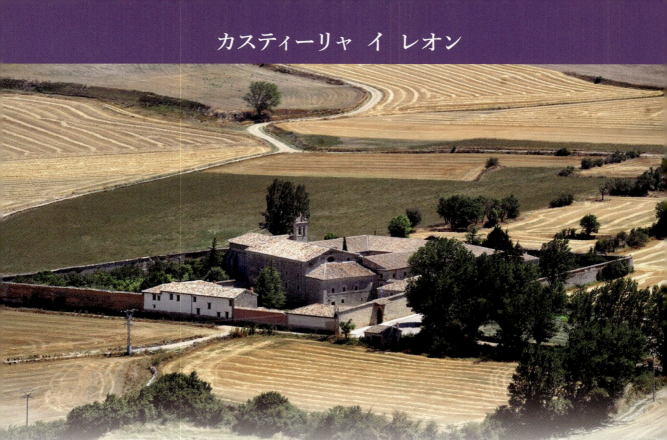

サンタ クララ修道院 Monasterio de Santa Clara

使徒ヤコブの道

クララ会に属するこの小さな修道院は、ブルゴス県カストロヘリスの郊外、カミーノ フランセス（フランス人の道）からわずか500メートルほどの場所にある。この巡礼路はカストロヘリスの町を1500メートル以上にわたって縦断し、サンタ クララ修道院はよく目立つ中継地となっている。

歴史

カストロヘリスのサンタ クララ修道院は、タブリン（現在の修道院の東側）にある質素な建物に起源をもつ。創設時期は定かではなく、「賢王」アルフォンソ10世の治世中（1252～1284年）、それもこの建物が最初に記録に登場する1264年以前と位置づけるしかない。

1325年、カストロヘリスにいたフランシスコ会修道士たちが転居し、建物が空いた。そこで、タブリンにいる修道女たちはそれを譲り受けたいと願い出た。教会組織による許可が下り、翌1326年に転居が実現する。こうして創設されたサンタ クララ修道院は、その後の数世紀にわたって歴代の君主からさまざまな特権を与えられた。

建築様式

14世紀に建てられ18世紀に改修が行われたこの修道院は、ブルゴスの田園風ゴシック様式の簡素な建物で、聖堂の特徴とも調和している。14世紀初頭に建てられたオジーブ様式の聖堂は、身廊はひとつしかなく、多角形のアプスと、横長の大窓が3つある5つの区画をもつ。ヴォールトは簡素な交差タイプである。この聖堂の中心的存在は、18世紀につくられた美しい聖母マリアの彫像だ。回廊はネオクラシック様式だが、ゴシック様式の地下礼拝堂もある。参事会室には、幼子イエスを抱く聖母マリアの神秘

的で美しい彫像がある。こんにちまでの7世紀に及ぶ歴史のなかで、建物はたびたび転換点を迎え、幾度も改修が行われた。スペイン内戦中も、周囲から孤立した場所にあるこの建物は十分安全に保たれていた。

「祈り、そして働け」

気前よく寄付がもらえた時代は過ぎ去り、他の多くの修道院と同様、サンタ クララ修道院もまた、塀の外で資金を調達する方法を模索した。修道会を構成する17人の修道

卵の伝統

クララ会の多くの修道院では、結婚式や出産、そのほか社会や家庭におけるさまざまな場面で、人々が幸運を祈って卵を捧げる伝統がある。そのためカストロヘリスの修道女たちは卵を使ったお菓子をつくっている。代表的なものはアンヘリーナ、焼きマジパン、アーモンドクッキー（アルメンドラード）、聖フランシスコのこぶし（プニョス デ サン フランシスコ）（クリーム入り焼き菓子）、生クリームパイ、ラングドシャーで、建物の入口に設置された昔ながらのトルノを通じて販売されている。

女は、主にふたつの活動に従事している。ひとつはお菓子づくり、もうひとつはクリーニング業で、カストロヘリスの老人ホーム向けにサービスを行っている。お菓子づくりの作業場では、アメリア尼が職長を、マルガリータ尼が助手を務める。この修道会に加わった最後のふたりの修道女のひとりマルガリータ尼はパラグアイ、もうひとりのテレシア尼はケニアから、このブルゴス県の片田舎へやってきた。

干しタラの肉団子

Albóndigas de bacalao
アルボンディガス デ バカラオ

材料

- 干しタラ　　　　　　　　300g
- パン粉　　　　　　　　　150g
- 卵　　　　　　　　　　　2個
- 小麦粉を入れた皿
- ニンニク　　　　　　　　2片
- ローリエ　　　　　　　　1枚
- 牛乳
- オリーブ油
- イタリアンパセリ
- 塩

調理法

- 前日の早いうちから干しタラを水に浸して塩抜きする。水は6〜8時間ごとに換える。
- タラを細かくし、残っていれば骨を取り除く。パン粉を牛乳に浸して、タラ、イタリアンパセリ大さじ1、卵とよく混ぜ合わせる。軽く塩を加える。
- スプーンを2本使ってタネを丸め、小麦粉を入れた皿に入れてくぐらせる。
- フライパンにオリーブ油を入れ、十分に熱したらボールを入れてこんがりと焼き色がつくまで揚げる。
- カスエラ鍋にタラの団子と、揚げるのに使ったオリーブ油を少し入れる。みじん切りのイタリアンパセリ大さじ1/2、ニンニク、ローリエの葉を合わせてすりつぶし、団子の鍋に加える。水か魚のスープストックをかぶるくらいまで入れ、5〜10分軽く沸騰させる。熱々で盛り付ける。

ライスコロッケ

Fritos de arroz
フリートス デ アロス

材料

- 米　　　　　　　　　　　500g
- 水　　　　　　　　　　　1ℓ
- 卵　　　　　　　　　　　4個
- バター　　　　　　　　　100g
- パン粉
- オリーブ油と塩

調理法

- 米を水1ℓで20分ゆで、軽く塩をふる。火からおろして水を切り、冷ましておく。
- そこに、溶き卵2個、小麦粉大さじ1と1/2を入れ、よくかき混ぜる。混ぜたご飯を丸め、残り2個の溶き卵とパン粉にくぐらせる。
- フライパンにオリーブ油を入れて火にかけ、十分に熱したら丸めたご飯を順番に揚げていく。こんがりと焼き色がついたらひき上げて、キッチンペーパーに置いて油を切る。デザートとして食べる場合は、ご飯を水の替わりに少し甘みのある牛乳で、少し長めに炊いておく。

カスティーリャ イ レオン

サンクティ スピリトゥス修道院
Monasterio de Sancti Spiritus

　この修道院は、ある遺言状によりサモラ県のトロという町に創設された。その遺言状とは、出自ははっきりしないが、ポルトガル王ディニス1世と何らかのつながりのあるポルトガルの王女テレサ・ヒルによって、1307年9月16日にバリャドリッドで作成されたものだ。

王家の庇護

　数々の不測の事態に見舞われながらも、1316年8月28日、サンティアゴ大司教でレオン王国の教皇庁尚書院長でもあるロドリゴは聖堂の礎を築き、1345年には建設作業がほぼ完了した。サンクティ スピリトゥス修道院は設立当初から貴族の庇護を受け、貴族の子女が数多く帰依し、なかには王女も数人いた。そのため相当な数の美術品が集まり、その多くは、こんにち資料館で見ることができる。王家はまた、税や地代の免除といった多くの特権を与えた。同様に、フアン2世は1万8000マラベディを寄贈し、エンリケ4世は年に1万マラベディの地代が入る農地の永代所有権を与え、最後にカトリック両王が1万2000マラベディを寄贈した。イサベル女王はこの寄贈について有名な詩文で、次のように弁明している。「この鐘は、絹の紐で鳴らすがよい。1476年9月19日の晩、(ポルトガル軍に占領されたトロの)町を急襲するさい、軍の前哨を導いたのはこの鐘の音なれば」

　この修道院に滞在した最も高名な客は、神聖ローマ帝国皇帝カー

以前のレタブロは19世紀初頭にトリニダード教区に譲渡された。現在のレタブロはチュリゲーラ様式で、ソロモンの柱(ねじれた柱)と、建築家で彫刻家のトメ兄弟の作品である、「受胎告知」、「聖霊降臨」、「聖母マリアのご訪問」の場面をかたどったレリーフがある。

ル5世(スペイン王カルロス1世)の娘、幼いフアナ王女である。王女は1550～1552年までこの修道院で暮らしていた。

　1835年の永代所有財産解放令によって財産を失い、伝統あるサンクティ スピリトゥス修道院に長い不運の時代が訪れる。1868年には革命軍が修道院に侵入し修道女たちはサモラ県内に監禁された。その後放置状態が続いた建物に、1871年になって無原罪懐胎信徒団が入居した。

修道会

　現在、サンクティ スピリトゥス修道院ではドミニコ会の観想修道女が10人ほど暮らしている。よく整備された資料館に加え、おいしいお菓子も有名だ。修道会は、日々の生活と建物、資料館を維持するのに必要な収入の大半を、お菓子の販売によって得ている。お菓子の種類はかなり多く、なかでもサツマイモとアーモンドのクッキー(アマルギーリョ)、アーモンドクッキー(アルメンドラード)、天使のひとくち 金糸瓜ジャム入りクッキー(ボカディートス デ アンヘル)、アーモンドパン、菓子パン、卵黄入り焼き菓子などが有名だ。スペインの修道院の多くがそうであるように、この修道会も現代の手法を取り入

お菓子づくりの時間になると修道女は作業場に集まり、生地づくりから包装まで、各自が担当する作業をこなす

資料館にはユニークなコレクションがある。16世紀につくられた色鮮やかな大判の織物だ。イタロ＝フラメンカ様式の版画をもとにしたキリスト受難の場面が描写されている。右下の写真は、サンクティ スピリトゥス修道院の簡素で小ぢんまりとした回廊

れ、直販だけではなくホームページからの通信販売も行っている。また、院内には20名ほど収容できる簡素な宿泊所もある。部屋は暖房設備とバスルーム付きのツインルーム。ミーティングや読書などができる、小さな祈祷室付きのホールもある。

天使のひとくち 金糸瓜ジャム入りクッキー

Bocaditos de ángel
ボカディートス デ アンヘル

材料

- アーモンドパウダー　　　250g
- 粉砂糖　　　　　　　　　250g
- 卵黄　　　　　　　　　　2個
- 「天使の髪」
  （金糸瓜のジャム）　　　250g
- 卵（つやだし用）　　　　1個

歴史を少々……

菓子工房が修道院につくられたのは、貴族の娘たちによるものだった。彼女らは隠居して修道院にやってくる時に、多くの場合、使用人も引き連れてきていて、その中には料理人も含まれていたのだ。菓子をつくって、その代わりに寄付や寄贈を受け取ることが習慣となっていった。メンディサバル法による永代所有財産解放令の1835年以降は、修道院は菓子づくりに生活を確保するすべを見出すようになった。

調理法

- アーモンドパウダーと砂糖、卵黄2個を合わせ、よくかき混ぜる。さらに卵黄をひとつずつ加えていき、生地全体が均一に、形がつくれるようになるくらいまでよく混ぜる。卵黄の数は目安で、卵の大きさやアーモンドの水気などで変わってくる。
- 30gほど生地を取り、一度丸めてから広げ、真ん中に「天使の髪」小さじ1を入れて、生地が破けたり中身が漏れたりしないように注意しながら包み込む。クッキングペーパーを敷いた天板にできあがったボールを置いていく。
- ボールの表面に溶き卵をはけで塗り、200度に予熱したオーブンで、焼き色がつくまで約15分焼く。オーブンに入れる前に、アーモンドチップをまぶして飾り、サクッとした歯ごたえにするものをつくってもよい。

サツマイモとアーモンドのクッキー

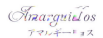

材料

— アーモンドパウダー　　　250g
— 粉砂糖　　　　　　　　　250g
— レモン汁　　　　　　　1/2 個分
— 卵　　　　　　　　　　　1 個
— サツマイモ（ゆでたもの）　100g

調理法

- ゆでたサツマイモと、粉砂糖、卵、レモン汁をよく混ぜる。全体が良く混ざったら、アーモンドパウダーを混ぜる。生地は重くてべたべたした感じに仕上がり、扱いづらいので、口金の無い絞り袋に入れるか、冷凍用のビニール袋に入れて下の角を切って使うのがよい。
- オーブンを200度で予熱しておき（グリル用ヒーター無し）、天板にクッキングシートを広げる。
- 天板の上に生地を小さく同じ大きさにしておいていく。生地はあとで膨らむので、間隔をあけておくこと。
- この「アマルギーリョ」を5～7分、あるいはよく焼けたものが好みならばもう少し長く、オーブンで焼く。焼きに入れる前にアーモンドの粒を置いたり、焼けた後に粉砂糖をかけたりして飾り付けてもよいが、もともとは飾りのないシンプルなものである。

カタルーニャ

ポブレー修道院

Monasterio de Poblet

スペインにおける典型的なシトー会の大修道院、サンタ マリア デ ポブレー王立修道院は、タラゴナ県コンカ デ バルベラ郡のビンボディとポブレーの境界にある。14世紀の終わりからアラゴン王国が消滅する15世紀まで、そこは王家の霊廟だった。

1835年のメンディサバルの永代所有財産解放令を受けていったん放棄されるが、1930年にはふたたび人が住むようになった。そのころから修復が開始され、1935年に教会が復活し、1940年には数人の修道士が戻ってきた。禁域内の一部は新たな住人となったシトー会修道士が使っているため、建物内のすべての場所を見学することはできない。1991年、ポブレー修道院はユネスコの世界遺産に登録され、グアダルーペ、エル エスコリアル、サン ミリャン デ ユソ、サン ミリャン デ スソの各修道院ととともに、「世界遺産」の肩書をもつスペインの修道院となった。

修道院の建物

この修道院の建物は3重の防壁によってはっきりと3つの区画に分けられ、何ヵ所かの門でつながっている。最初の区画は、以前は修道院内の働き手である農民や職人、平修士（作業に従事する修道者）などの居住エリアだった。今でもここを訪れ、門番役の平修士の住居を見ることができる。修道院長フェルナンド・レリンの時代に建てられたその住居には、今もレリンの盾形紋章が保存されている。

プエルタ ドラダ（黄金の扉）をくぐると、2番目の区画を構成する広大な広場に到達する。そこには古い建物の遺跡が保存されている。門からまっすぐ奥には聖堂の中庭

ポブレーは「シトー会ルート」で最大の修道院であり、この巡礼ルートにふたつある男子修道院のうち、今でも修道士が暮らしているのはポブレーのみ。1991年、ポブレー修道院はユネスコの世界遺産に登録された

上の写真は、ゴシック様式の回廊。12、13世紀の連続アーチが復元されている。右の小さい写真は、ダミアン・フォルメントによって16世紀に制作されたアラバスター製の見事なレタブロ

へ通じる別の門があり、その先に3番目の区画を囲む防壁があらわれる。17世紀のバロック様式のこの門は、カルドナ公爵の命で1670年に建造された。その門をくぐると、前廊すなわち柱廊玄関がある。禁域への立ち入りが厳しく制限された時代、そこが聖堂への入口だった。バロック様式の門から聖堂に至る数メートルの通路にプエルタ レアル（王家の門）があり、その先が第3の区画となる。厳密にいえば、そこが修道院としての部屋がすべて含まれるエリアであり、「正真正銘の禁域」だった。第3の区画を囲む要塞のような防壁は、アラゴン王ペドロ4世の命で建てられた。修道院内の聖堂に王家の霊廟を設ける命を出した直後のことである。

芸術的な建物

ポブレー修道院には、多大な寄贈のたまものである魅力的な芸術遺産が保存されている。いちばんの見どころは、ダミアン・フォルメントが1527〜1529年にかけて制作したアラバスター製の見事なレタブロ

世界遺産

「カタルーニャ州のこの地には、世界最大規模のシトー会修道院のひとつが完全な形で存在する。13世紀に聖堂を中心に建てられたこの修道院は、威厳ある建物がじつに印象的だ。防壁の内部には、王家の邸宅およびアラゴン王国の王たちが眠る墓所がある」

（1991年のポブレー修道院のユネスコ世界遺産登録より）

と、聖堂の北側に位置する回廊だ。この回廊に続くロマネスク様式の門をくぐると王家の墓所があり、今なおアラゴン王ハイメ1世の遺体が安置されている。

ポブレー修道院には、三政復古資料館とパラウ デル レイ マルティ（マルティン1世の王宮）資料館というふたつの資料館がある。また、古文書館や図書館も非常に興味深い。そこにはカタルーニャのメディナセリ公爵邸に伝わる古文書も保存されている。修道士の居住エリアを除き、修道院内のほとんどが見学可能。小規模な宿泊所もある。

白インゲン豆とアサリのスープ

Mongetes con almejas
モンヘーテス コン アルメハス

材料

- モンヘーテス（白インゲン豆） 500g
- アサリ 500g
- タマネギ 250g
- ニンニク 2片
- オリーブ油 100ml
- パプリカ粉 小さじ1
- イタリアンパセリ、ローリエ、タイム
- 粒コショウ
- 塩

調理法

- 豆は前の晩から常温の水につけておく。タマネギとニンニクをみじん切りにする。アサリを塩水に数時間つけて砂抜きして洗う。
- 豆の水を切ってカスエラ鍋に入れ、冷水をかぶるくらいまで入れる。カスエラ鍋を火にかけ、沸騰し始めたら差し水をして、また沸騰させる。
- ここでハーブ類とコショウを入れ、豆が柔らかくなるまで煮込み、塩で味付けする。フライパンにオリーブ油をひいてタマネギとニンニクを弱火で炒める。
- タマネギとニンニクに色がつく前に、アサリと、豆のゆで汁をおたま一杯ほど入れる。ふたをして、アサリの口が開くまで火にかけておく。
- アサリが開いたらパプリカ粉を振りかけてかき混ぜる。最後に、豆とアサリを合わせて、数分火にかけて沸騰させる。もちろん、熱いうちにいただく。

スズキのロメスコソース

Lubina al romesco
ルビーナ アル ロメスコ

材料

- スズキ　　　　　　　　　　2匹
- チャイブ（西洋アサツキ）　4本
- オリーブ油
- 塩
- 黒コショウ
- イタリアンパセリか
  バジル（飾り付け用）

〈ロメスコソース〉

- アーモンド　　　　　　　12個
- ヘーゼルナッツ　　　　　10個
- ニンニク　　　　　　　　　1玉
- トマト　　　　　　　　　　2個
- ニョラ*1　　　　　　　　　5個
- 赤トウガラシ（タカノツメ）　1本
- パン　　　　　　　　　　　2枚
- ビネガー
- オリーブ油
- 塩

〈ソフリート〉

- ジャガイモ（大）　　　　　1個
- ナス（中）　　　　　　　　1個
- 赤ピーマン　　　　　　　　1個

*1　赤い干しパプリカ

調理法

- ロメスコソースをつくる。まずトマトと、ニンニク1玉、ニョラをオーブン皿に入れる。オリーブ油を少々加え、味付けをする。
- 200度に予熱したオーブンで5分焼く。ニョラを取り出してとっておき、残りはさらに20～25分焼く。焼きあがったら、冷めるのを待って、トマトとニンニクの皮をむく。ニョラと一緒にミキサーにかける。
- フライパンでアーモンドとヘーゼルナッツを軽く炒り、先のトマト、ニンニク、ニョラの容器に入れる。フライパンにオリーブ油を入れてパンのスライスを揚げ、これも加える。赤トウガラシ（タカノツメ）とビネガー、オリーブ油少々も加える。味付けをして全部一緒にミキサーにかけ、とっておく。
- ジャガイモを角切り、ナスは皮をつけたまま角切りか細切り、赤ピーマンはさいの目切りにする。オーブン皿に入れてオリーブ油をかけ、塩を加える。180度のオーブンで焼く。ジャガイモを突き刺してみて、すっと刺せるようになればよい（約30分）。
- スズキの切り身にオリーブ油をなじませ、塩コショウしてオーブン皿にのせる。220度で10分焼く。チャイブの緑色の部分を取り除き、半分に切る。オリーブ油少々と塩をふって味をつけ、グリルで焼く。
- スズキを一人分ずつ、ジャガイモ、ピーマン、ナスの炒め物と一緒に盛り付け、ロメスコソースをかける。

カタルーニャ

バルボナ修道院 Monasterio de Vallbona

起源

サンタ マリア デ バルボナ修道院は、カタルーニャで最も重要なシトー会女子修道院だ。男女の隠者グループが、のちに修道士や修道女となって男女混合の修道会ができたのが起源である。創立者ラモン・デ・バルボナ司祭の指導のもと、修道者は聖ベネディクトゥスが定めた会則に従って暮らしていた。現在われわれが知る最古の情報は1153年のものである。1175年になると修道士たちがモンサンへ転居し、女性だけとなった修道会はシトー会の改革に組み込まれ、トゥレブラス修道院（ナバラ州）から来たオリア・ラミレスが修道院長に就任する。

13世紀以降、バルボナ修道院は修道学校をもち、写字室もあったことを示す証拠が存在する。修道女たちはそこで写本の作成や装飾に励んでいた。学校では文法、典礼、書法、細密画、音楽が教えられていた。

1895年に建てられたビルヘン デ クラウストロ礼拝堂には、ロマネスク時代にこの修道院の中心に据えられていた最初の聖母マリア像だとされる、12世紀の見事な彫刻が保管されている

聖堂

14世紀にギレム セゲルによって制作された彩色石造のすらりとした聖母マリア像が鎮座する聖堂からは、この修道会が各地に広めた様式の変遷がはっきりと見て取れる。聖堂のプランはロマネスク様式に特徴的なラテン十字形、身廊がひとつと四角形のアプスが3つある。メインの入口は13世紀のもので、聖母マリアのレリーフ装飾が見られるが、これはカタルーニャで最初にティンパヌム（三角小間）に彫刻されたマリア像のひとつである。

聖堂の内部は驚くほど簡素で、たわむれる光がじつに美しい。祭壇の右側には、「征服王」ハイメ1世の王妃ビオランテ・デ・ウングリアの飾りのないシンプルな石棺が置かれている。王妃はいっさい装飾をせずそこに埋葬されることを望んだ。

ぜひとも見ておきたいのは、ビオランテ・デ・ウングリアの墓だ。彼女は1216年ごろにハンガリーのエステルゴムで生まれ、1251年10月にアラゴンのウエスカで亡くなった。1235年に「征服王」ハイメ1世と結婚しアラゴン王妃となった彼女は、王にとって2番目の妻だった。

不等辺四角形の回廊。変化に富んだ斬新なスタイルは、バルボナ修道院の創設時から4世紀のあいだに流行した各種様式を象徴している

祭壇の反対側には、ふたりのあいだに生まれたアラゴンの王女サンチャの墓がある。クワイヤの右側には、格子窓と並んでコルプス クリスティ（聖体の祝日）礼拝堂があり、ゴシック様式の最高峰ともいうべき見事なレリーフが見られる。14世紀にできた参事会室は飾り気のなさが印象的で、中庭に通じる門の繊細な美しさがことさらに際立つ。その部屋の主役は憐れみの聖母マリア像だ。彩色したアラバスター製のその像は、バルセロナにあるカタルーニャ州政府庁舎のファサードで有名な15世紀の彫刻家ペレ・ジョアンの作品である。19世紀には新しい礼拝堂が建てられ、ビルヘン デ クラウストロ（回廊の聖母マリア）礼拝堂と名づけられた。1931年6月3日、サンタ マリア デ バルボナ修道院は教皇令により歴史・芸術記念物に認定された。

エコロジカルな修道院

約10人の修道女が暮らすシトー会のバルボナ修道院は、信仰のみならずエコロジーの面でも重要な役割を担っている。修道女たちは昔の菜園を復活させて環境にやさしい栽培方法で果物や野菜を育て、100%クリーンエネルギーを使ったシステムを設置し、廃棄物も最小限に減らした。また、修道院の生計を維持するため、20室ある宿泊所を運営するほか、昔の薬壺の複製品も製造している。資料館の建設も計画中であり、18世紀から20世紀までの文化財、17世紀から20世紀までの調度品、貴重な道具類を備えた昔の薬局が展示される予定である。

中世の鐘楼

8つの壁面をもつカンテラ型の美しい鐘楼は、中世期の大胆なスタイルである。控え壁はなく、ちょうど真下にある丸天井に支えられている。

バルボナ修道院

シトー会風 干しタラのムニエル

Bacalao cisterciense
バカラオ システルシエンセ

材料

- 塩抜きした干しタラの切り身　4 切れ
- ニンニク　6 片
- チョリセロ*1　3 個
- トマテフリート（スペイン風トマトソース）　750g
- ポロネギ　1/2 本
- タマネギ　1/2 個
- ニンジン　1 本
- オリーブ油　250 mℓ
- イタリアンパセリ　3 房

*1　ピーマンの一種で長いタイプを乾燥させたもの。干しパプリカ

調理法

- 干しタラの切り身を少なくとも 36 時間水に浸けて塩抜きする。このあいだに水は 5〜6 回変える。
- カスエラ鍋にオリーブ油を入れ、熱した後にスライスしたニンニクを炒める。焼き色は付けない。チョリセロの種を取り、お湯に浸して果肉をもどす。
- 炒めているニンニクに色がつく前に、トマト、チョリセロの果肉を加え、その上にタラの切り身を身が開かないよう皮目を下にして置く。時折かき混ぜながら、弱火で 30 分炒める。
- ポロネギ、タマネギ、ニンジン、イタリアンパセリをみじん切りにして、別のフライパンで炒める。やや固め、少しカリッとしている程度がよい。
- 盛り付けは一人一人皿に取り、タラの上に炒めた野菜をかけ、トマテフリートを添える。好みで、ゆでたジャガイモの角切りなどを下にひいてもよい。

歴史を少々……

シトー修道会（スペイン語ではシステル）は、1098 年にフランス人であるモレームのロベールによって創設された。その名は、発祥の地シトー（仏ディジョン近郊、古代ローマでは Cistercium と呼ばれた）からとられたものだ。中世には、黒のスカプラリオ（キリスト教者の衣装。修道服の一部）の下には白か灰色の服を着ていたので、黒い修道士と呼ばれるベネディクト会修道院に対し、「白い修道士」と呼ばれていた。

イワシのパン粉焼き

Sardinas empanadas
サルディーナス エンパナーダス

材料

- イワシ　　　　　　　　　　1kg
- オリーブ油　　　　　　　大さじ6
- 卵　　　　　　　　　　　　2個
- パン粉　　　　　　　　　　1皿
- イタリアンパセリ　　　　大さじ1
- ニンニク（みじん切り）　　2片分
- タマネギ（みじん切り）　中2個分
- 塩

調理法

- イワシの頭と内臓を取り除き、真ん中から開いておく。水けをふいて軽く塩を振る。
- イワシをまず溶き卵、次にパン粉にくぐらせる。厚い衣が好みなら、2度繰り返す。オーブン皿に入れる。
- フライパンにオリーブ油をひき、熱したらタマネギのみじん切りを入れて炒める。色がつく前に引き上げてイワシを入れたオーブン皿に入れ、ニンニクのみじん切りとイタリアンパセリも加える。
- 中火で予熱しておいたオーブンにイワシを入れ、10〜15分焼く。皿の底や互いにくっつかないように時々混ぜる。焼きあがったら、ポテトフライを添え、生レモンを絞って盛り付ける。

カタルーニャ

モンセラート修道院 Monasterio de Montserrat

モンセラート山に囲まれたベネディクト会修道院サンタ マリア デ モンセラートは、カタルーニャ州バルセロナ県バジェスにある。

王家の寄贈

この聖地にはもともと小さな聖母マリア教会があった。その教会を、「多毛伯」ギフレ1世が888年にリポルの修道院に寄贈した。伝説によれば、その数年前の880年、

この大修道院の周囲は、石灰質の巨大なのこぎり状の岩が織りなす比類ない絶景

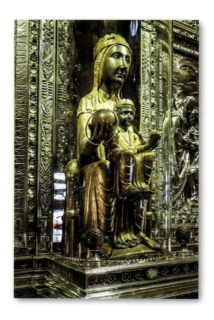

モンセラートの聖母マリア

「ラ モレネータ（黒い乙女）」という名のマリア像はカタルーニャの守護聖女、スペインの自治州7人の守護聖女のひとりである。12世紀ロマネスク様式の木像で、ポプラ材でつくられた、いわゆる「黒いマリア像」の一種だ。かつてローマ帝国の勢力圏にあったヨーロッパに広く見られるもので、その意味合いについてはさまざまな研究がなされてきた。しかし、モンセラートのマリア像の場合は、時の経過とともに顔や手の上薬が変色して黒くなったようだ。

モンセラートで最初の聖母マリア像が羊飼いの少年たちによって発見されたという。山の中で光を見たあと、少年たちは洞窟でマリア像を見つけた。その話を伝え聞いたマンレサの司教が像を町へ移そうとするが、重すぎてとても動かせない。マリア様は発見された場所にとどまりたいのだと解釈した司教は、その地に聖母マリア教会を建てた。そ広まっていった。

重要な文化拠点

1409年、モンセラートは独立した大修道院となる。1493〜1835年までは、根本的な改革と拡大・繁栄の時期だった。17〜18世紀には第一級の文化拠点となり、モンセラート音楽学校からはすぐれた作曲家が何人も誕生した。

年)によって、モンセラート修道院はふたたび放棄されるかに思えたが、破壊から救ったのはカタルーニャ州政府だった。

現在のモンセラート修道院

現在、モンセラートでは約70人の修道士が共同生活を送り、勉学と祈祷に励んでいる。修道院内にはスペイン屈指の貴重な図書館が

モンセラート少年聖歌隊は、ヨーロッパで最も歴史ある少年合唱団のひとつで、9〜14歳までの少年50人以上で構成され、義務教育とともにレベルの高い音楽教育を受けている。

中央の身廊は、当初はロマネスク様式からゴシック様式への移行期のスタイルだった。ナポレオン軍の侵攻で大部分が破壊され、かなり折衷的なスタイルで再建された

れが現在のモンセラート修道院の起源である。1025年、リポルの修道院長でビックの司教を務めるオリバが、モンセラートの聖母マリア教会内に修道院を創設した。するとまもなく、その小さな修道院に多くの巡礼者や訪問客がやってくるようになり、そうした人々のあいだで聖母マリアが起こした奇跡と神秘の話が

ナポレオン戦争（1808〜1811年）と1835年の永代所有財産解放令は、破壊と放棄をもたらした。しかし1844年になると修道院生活が再開され、1881年の聖母マリア像の戴冠式典で、ローマ教皇レオ13世はその像をカタルーニャの守護聖女とした。スペイン内戦（1936〜1939

あり、30万冊以上の蔵書をもつ。そのうち400冊はインキュナブラ（活版印刷が発明された時期のもの）である。また、重要な資料館も設置され、有名な絵画や聖書にまつわる考古学的資料が所蔵されている。

モンセラート修道院

地鶏と手長エビのシチュー

Pollo de corral con cigalas
ポーヨ デ コラル コン シガーラス

材料

- 地鶏　　　　　　　　1/2羽 (1kg)
- 手長エビ　　　　　　6匹
- パン　　　　　　　　3枚
- アーモンドスライス　50g
- タマネギ　　　　　　1個
- トマト（完熟）　　　1個
- パプリカ粉　　　　　小さじ1
- ニンニク　　　　　　7片
- 白ワイン　　　　　　100mℓ
- チキンブイヨン　　　100mℓ
- イタリアンパセリ
- 塩
- オリーブ油

調理法

- 鶏肉を小分けにする。ニンニク2片、イタリアンパセリ数房、塩少々をすりつぶしてマリネ液をつくり、鶏肉を浸す。ソフリート（野菜の調味料）をつくるあいだ、そのまま漬け込んでおく。

- 口の広いカスエラ鍋にオリーブ油大さじ3を入れ、みじん切りにしたタマネギを弱火で炒める。つぶして種をとったトマト、甘口のパプリカ粉小さじ1を加える。

- 別のフライパンでアーモンドを炒り、とっておく。パンのスライスと残りのニンニク5片を焼き色がつくまで炒めてとっておく。同じフライパンに油をもう少々加え、鶏肉をじっくり焼く。手長エビも同様に、片面を2分ずつ、両面を焼く。

- 鶏肉を、先に炒めておいたタマネギのソフリートに加え、白ワインとチキンブイヨンを入れる。

- 柔らかくなるまで煮込む。エビを加えてひと煮立ちさせ、味が浸み込むよう5分ほど火にかけたままにする。そのあいだに、パンとアーモンド、ニンニクをすりつぶしておく。
モルテロ（すり鉢）でよくすりつぶしたら、鶏とエビの土鍋に加える。するとシチューが濃くなるので、よくかき混ぜる。熱いうちに盛り付ける。

鳩肉の包み焼き

Pichón a la papillote
ピチョン ア ラ パピヨーテ

材料

— 鳩肉　　　　　　　　　3羽
— ニンニク　　　　　　　4片
— タマネギ（小）　　　　1個
— ベーコン　　　　　　　100g
— バター　　　　　　　　100g
— 黒コショウ、タイム（ドライ）
— イタリアンパセリ
— オリーブ油
— 塩

話の種

鳩の素嚢の上皮細胞は、薄い細胞の層が幾層も重なって厚くなっている。この内壁の細胞が剥がれ落ちると、「ピジョンミルク──素嚢乳（吐き戻してヒナに与えて育てる）に変わる。ピジョンミルクは、タンパク質と脂肪分に富んでおり、鳩のヒナはたった2週間で人の赤ん坊でいえば3年かかるほどまでに育つ。

調理法

- 鳩肉に残った毛をきれいに処理し、好みで塩コショウしておく。
- カスエラ鍋に細切りにしたベーコンとオリーブ油少々を入れて、鳩肉を焼く。およそ20分、こんがりと焼き色がつくまで火にかける。焼きあがったらよく油を切っておく。
- バターをかき混ぜて、タマネギのみじん切り、刻んだイタリアンパセリ小さじ1、タイム2〜3枝塩コショウと合わせる。
- 鳩肉が冷めたら、先につくったハーブ類を混ぜ合わせたものを内側、外側に塗り込み、1羽ずつアルミホイルに包んで口をしっかり閉じる。風味を高めるのにスモークベーコンのスライスを入れる場合もあるが、そうするとカロリーは高めになる。
- 包んだ鳩肉をオーブン皿に入れ、180度で30分焼く。肉が柔らかくなったら、出てくる熱い湯気に気をつけて包み紙をあける。グリーンサラダを添えて盛り付ける。

カタルーニャ

リポル修道院

Monasterio de Ripoll

　ベネディクト会のサンタ マリア デ リポル修道院は、バルセロナ、ウルヘル、ラ セルダーニャの領主である「多毛伯」ギフレ1世の命により、ピレネー山脈の谷間に位置するこの地の再興に寄与するべく879年に創設された。10世紀には聖堂にさまざまな改修がほどこされ、935年6月25日、次いで977年と、2度にわたり聖別が行われた。

有名な写字室

　リポル修道院は徐々に拡大し、重要な文化拠点となるが、それは院内にある写字室のおかげだった。そこでは、細密画が描かれた美しい写本がつくられていた。イスラムやモサラベ(イスラム支配下のキリスト教徒)の世界に近い場所にあることから、モサラベ、イスラム、西ゴートの写本も数多く、その種の蔵書がかなり豊富にそろっていた。9、10、11、12世紀には、リポル修道院はバルセロナ伯爵家の墓所となり、伯爵家の多くの人々が埋葬された。11世紀初頭には、オリバ修道院長のもと院内の付属機関の再配置が行われ、区画や建物の数も増え、1032年には4度目にして最後となる聖別が行われた。

　修道院に隣接するサン ペレ教区教会には、民族誌博物館とリポル民俗学博物館があり、リポル地方に伝わる風習にまつわる品々が展示されている。

全盛期

　12世紀から16世紀にかけて、リポル修道院は全盛期を迎える。回廊の1階部分やロマネスク様式のファサードといった建物の主要部分ができたのはその時期である。回廊の2階部分が建造されたのは、

建物の背面を写したこの写真では、7つのアプスが見える。中央のアプスは大きく、そのほかは小さい

上の写真は2層式回廊の眺め。下の写真は、正面ファサードの一部。壁の厚みは1メートル以上ある

16世紀に入ってからだったが、ちょうどそのころから衰退期に入り、19世紀の永代所有財産解放令とともに、この修道院はほぼ完全に廃墟となった。

国定記念物

1850年、サンタ マリア デ リポル修道院は国定記念物に指定された。そして1886年には、建築家エリアス・ロジェントによって建物が修復される。ロジェントはバシリカ式聖堂と回廊を独自に再構築した。その結果、本来の姿をとどめる部分は回廊のプラン、聖堂内のカベセラ、表門のみとなった。修道院の建物のうち今なお持ちこたえているのは、全面改修された壮大なバシリカと回廊だけである。かつて副修道院長の住居だった建物も現存し、今では町役場となっている。修道院の建物はすべて見学が可能で、ガイドによる説明もある。

ロマネスク様式の正面ファサード

リポル修道院随一の芸術作品、カタルーニャを代表するロマネスク様式の彫刻といえば、12世紀に建造された正面ファサードだ。水平に7分割され、それぞれに聖書や歴史、寓話の場面が描写されている。にぎやかな図像と、あふれんばかりの花のモチーフや幾何学的ラインの装飾がほどこされノミが振るわれていない場所など少しもない。扉口の両脇には、一部が欠けた聖ペトロと聖パウロの像がある。

ポロネギのスープ

Porrusalda
ポルサルダ

材料

— ポロネギ　　　　　　　6本
— ジャガイモ　　　　　　3個
— タマネギ　　　　　　　1個
— ニンジン　　　　　　　2本
— 鶏ガラ　　　　　　　　2羽分
— 水
— オリーブ油
— 塩
— イタリアンパセリ

調理法

- スープをつくるのに、鶏ガラを圧力鍋に入れてたっぷりの水を入れる。すりつぶしたイタリアンパセリと塩少々を加える。ふたをして火にかけ、蒸気が出始めてから低圧で4〜5分調理する。スープの油をすくい、濾して取っておく。
- タマネギの皮をむいてみじん切りにし、カスエラ鍋に少量のオリーブ油を入れて弱火でじっくり炒める。焼き色は付けない程度にする。先の鶏ガラスープを足し、洗って切ったポロネギを入れる。皮をむいて細かく切ったニンジンとジャガイモも加える。味付けをし、18〜20分火にかける。熱々のうちに盛り付け、セロリの葉を飾り付ける。

インゲン豆と野ウサギのシチュー

Judias con liebre
フディーアス コン リエブレ

材料

— 野ウサギ（中くらい）　　　1匹
— ニンニク　　　　　　　　　5片
— タマネギ　　　　　　　　　1個
— チャイブ　　　　　　　　　1本
— 赤ワイン　　　　　　　　　1カップ
— 赤トウガラシ（タカノツメ）　1/2本
— 白インゲン豆　　　　　　　500g
— ポロネギ　　　　　　　　　1本
— ニンジン　　　　　　　　　1本
— パプリカ粉　　　　　　　　大さじ1
— ローリエの葉
— オリーブ油、塩

調理法

- 前日の晩にインゲン豆を水に浸しておく。一晩経ったら、野ウサギの下処理をして小さく分ける。塩コショウして、オリーブ油を十分に熱したフライパンで、表面に焼き色がつくまで焼く。ウサギを取り出してオーブン皿に入れる。同じフライパンで油をそのまま使い、みじん切りにしたニンニク3片とタマネギを弱火でじっくり炒める。
- ウサギ肉に、炒めたタマネギとニンニクをかけ、ローリエ1枚、ウサギの肉汁、赤トウガラシ、赤ワイン1カップを加える。
- かぶるくらいに水を入れ、中火で2時間半、あるいは肉が柔らかくなるまで火にかける。
- 水を切ったインゲン豆と、きれいにしたポロネギ、ニンジン、チャイブ、残りのニンニク2片、パプリカ粉、オリーブ油少々を圧力鍋に入れる。味付けをしてふたを閉め、強火にかける。バルブが最大になったら弱火にして、15分加熱する。減圧してからふたを開け、野菜を取り出してミキサーにかけ、ピューレ状にする。
- ウサギが十分に調理できたら、このスープに野菜のピューレと豆を加える。かき混ぜて味をととのえ、弱火にさらに10分かけてできあがり。

カタルーニャ

ペドラルベス修道院　Monasterio de Pedralbes

　ペドラルベスという地名は、ラテン語のペトラス　アルバス（白い石）に由来する。この地は、ハイメ2世（バルセロナ公ジャウマ2世）の妃エリセンダ・デ・モンカダによって新たな修道院の建設地に選ばれ、クララ会に譲渡された。そこは昔のサリアという地区にあった。1326年3月には王と王妃により聖堂のアプスに礎石が置かれ、そのわずか1年後の1327年5月3日には修道院の建設がかなり進み、バルセロナのサンアントニオ修道院からやってきた最初の修道女会が入居できるまでになっていた。

カタルーニャ
ゴシック様式の最高峰

　ペドラルベス修道院は、カタルーニャ　ゴシック様式の好例のひとつである。聖堂もさることながら、3層式の回廊はゴシック様式のものとしてはかなり広く、じつに調和がとれている。聖堂の見どころは、エリセンダ王妃の墓だ。2カ所から見ることができ、一方の聖堂に面した部分には、王妃らしい衣装をまとった像があり、もう一方の回廊に面した部分には、悔悛する未亡人としての像がある。同様に、14世紀のステンドグラスやさまざまな貴族の墓

聖堂内陣にはエリセンダ王妃の墓所がある。中世の慣習に従い、聖堂の床には、ペドラルベスを終のすみかに選んだ当時のバルセロナの貴族の女性たちも埋葬されている。

所、上段、下段、修道士席からなる3つのクワイヤも一見に値する。また、修道院内と回廊の周囲には、いくつもの「デイルーム」がある。修道女たちが中にこもって瞑想するための部屋だ。修道院長フランセスカ・サポルテリャ尼の依頼で1343年に画家フェレール・バッサが

ペドラルベスの回廊は、ゴシック様式の回廊としては世界最大とされる。3層式で、一辺あたり26本ある円柱は、ヘロナ産の石でできている。下の囲みの写真は、この修道院の創設者エリセンダ・デ・モンカダ王妃の墓

壁画を描いたサン ミゲル礼拝堂には、イタリアの画家ジョット、ロレンツェッティ兄弟の一門、シモーネ・マルティーニなど、有名な芸術家の影響がはっきりあらわれている。参事会室、修道院長室、食堂、調理場、財務管理人室、寝室、医務室（ルネサンス期に病院の役目を果たした建物のなかで、比較的保存状態がよい）など、すべてが見学できる。ペドラルベス修道院の建物は建築学的に価値があり、保存されている芸術作品等には長年にわたる修道院内の生活が反映され、人目に触れない修道女たちの暮らしぶりをうかがい知ることができる。特に注目すべき芸術作品には、サン ミゲル礼拝堂の壁画、修道院長室にある作者不明の14世紀の壁画、参事会室にある1420年代のステンドグラス、エリセンダ王妃の墓の彫刻、そのほか紋章学的に重要な墓がある。

ペドラルベス修道院の財宝

ドルミドールと呼ばれる昔の修道女の寝室は、時代とともに何度も改修がほどこされ、現在は「ペドラルベス修道院の財宝」の展示室となっている。そこでは7世紀にわたって修道院が収集してきた見事な芸術作品のほか、家具や典礼道具などが初公開され、芸術的価値はさておき、クララ会の修道女たちが日々の暮らしで使っていた品々を、それらが使われていた場所で時代を追って眺めることができる。

ゴシック様式の聖堂の右側には八角形の塔がある。14世紀のステンドグラスに彩られた聖堂内は、この上なく美しい

パネジェッツ カタルーニャ伝統菓子

Panellets
パネジェッツ

材料（35個分）
— アーモンドパウダー　　350g
— 砂糖　　250g
— サツマイモ（小）　　1本
— 卵　　1個
— 松の実
— アーモンドダイスかスライス
— ココナッツパウダー
— 粉砂糖
— ドレーンチェリー（砂糖漬け）

調理法
- 皮をむいたサツマイモをゆで、柔らかくなったら広口のボウルでつぶす。
- アーモンドパウダー、砂糖、卵を加える。生地が全体に滑らかになるまでかき混ぜる。
- 生地を3等分にする。ひとつには、ココナッツパウダーを加えてよく混ぜる。3つとも冷蔵庫に入れて、少なくとも6時間寝かせる。オーブンを180度に予熱する。
- それぞれの生地を別々の形につくる。①プレーンは、クルミの大きさほどに丸めて、松の実と、ダイスカットかスライスのアーモンドで全体をくるむ。②ココナッツを入れた生地は、先ほどのよりも小さく丸めて、ココナッツパウダーをまぶす。3本の指で押しつぶしてピラミッド型にしてもよい。③もうひとつはプレーン生地の中央を、小さく取って押しつぶし、真ん中にドレーンチェリーを飾る。
- 卵を溶いてこの「パネジェッツ」にはけで塗り、クッキングペーパーを敷いた天板にのせていく。
- オーブンの中段に天板を入れ、10分焼く。10分経ったらグリル用ヒーターもつけて焼き色をつける。焦げないように注意する。

アンコウの焦がし
ニンニクソース

Rap al all cremat
ラブ アル アリ クレマ

材料
— アンコウ
　（カタルーニャ語でラプ）　　8切れ
— ニンニク　　　　　　　　　8片
— アーモンド　　　　　　　　12個
— パン　　　　　　　　　　　1枚
— トマト（皮むき 種取りしたもの）　3個
— 砂糖　　　　　　　　　　　少々
— 塩、イタリアンパセリ
— オリーブ油
— 魚のスープストック　　　　300mℓ

調理法
- オリーブ油を薄くひいたカスエラ鍋で、スライスしたニンニクを色がつくまで炒め、とっておく。
- 同じ油にアーモンドとパンを入れて焼き、とっておく。
- さらに同じ油で、刻んだトマト、塩少々、砂糖ひとつまみを炒める。時々かき混ぜながら、10〜15分、弱火にかける。
- そのあいだに、すり鉢に先のニンニク（仕上げの飾り用に少し取っておく）、パン、アーモンドとイタリアンパセリ少々を入れ、ペースト状になるまですりつぶす。
- 魚のスープストックを入れて、ペーストを溶かす。
- 先のカスエラ鍋にスープ1カップ、アンコウを入れてふたをし、弱火に15分かける。15分経ったら、先のペーストを加えて、スープが濃くなるまでさらに7〜8分火にかける。できあがったら、とっておいた焦がしニンニクスライスとパンを添えて盛り付ける。

話の種
　アンコウは海水魚のなかでも最も醜い魚のひとつであろうが、しかし、最も美味な魚のひとつでもある。スペインで漁獲するのは主に次の2種。まず「白アンコウ」、たくさん獲れ、大西洋、黒海、地中海に生息する。そしてより質が良いとされる「黒アンコウ」。「白アンコウ」よりやや小ぶりで、地中海でも獲れるが、カンタブリア海の冷たい海域に多い。

バレンシア

サンタ マリア デ ラ バルディグナ修道院
Santa María de la Valldigna

名前の由来

アラゴン王国の「公正王」ハイメ2世によってシトー会のために1298年に創設されたこの修道院は、バレンシア州バルディグナのシマット地区にある。言い伝えによると、アリカンテとムルシアをめぐりイスラム教徒と戦ったのち、当時アルファンデンチと呼ばれていたこの谷を通りかかったハイメ2世は、その肥沃さと美しさに感動し、サンテス クレウス大修道院長であったお抱えの司祭ボノナ・デ・ビラ=セカに向かっていった。「あなたたちが信仰生活を送る修道院にふさわしい谷(バルディグナ)だ」それに対し、大修道院長はこう答えた。「まことにすばらしい谷(バルディグナ)でございます！」

それが頭にあったのか、1298年3月15日、ハイメ2世は大修道院長にその土地を与え、新たにシトー会の修道院を建設するよう命じた。以来、この谷はバルディグナと呼ばれるようになった。

14世紀に建造されたゴシック様式初の聖堂は1396年の地震で破壊されたままになり、15世紀に新たな聖堂を建てる必要が生じた。その聖堂もまた1644年の地震で破壊され、17世紀の後半に建て直さなければならなかった。

現在、サンタ マリア デ ラ バルディグナ修道院はすでに宗教的な用途には使われていない。見学用に整備されたこの建物は、美術愛好家や中世の歴史に興味のある人々のあいだで、知名度が日に日に高まっている

さまざまな建築様式

建物の構造や、今日まで残る重要な遺物から、建造上の3つの繁栄期が読み取れる。14世紀にゴシック様式が導入され、回廊周辺の完璧な構造が形成された。これはシトー会が定める基準にも沿っている。1396年の地震で大破したあと大々的な改修が試みられ、1644年にふたたび地震に見舞われたのち2度目の改修が行われ、最終的な装飾がほどこされた。この改修によって17、18世紀には完全にバロック様式へ置き換わり、新たな付属建造物も加わった。

還俗

1835年の永代所有財産解放令によって、バルディグナ修道院は修道士たちの手を離れ私的な所有物となった。修道院は農牧場となり、やがて歴史的遺産の略奪と破壊が始まる。大半の建物が取り壊され、アーチを形成していた切り石や床材となっていた板石は建材として売られた。修道院長館の回廊の2階部分をかたちづくっていたゴシック様式のアーチは、マドリードのトレロドネスにあるカント デル ピコ宮殿の建物に組み込まれた。その他の部材は域内にあるいくつかの教区に移され、蔵書類は還俗する修道士とともに分散した。2003年、バレンシア州政府は当時の所有者から回廊アーチを100万ユーロで購入。2006年にトレロドネス当局から取り外しの許可が下り、2007年1月29日、本来の場所に戻された。バレンシア州は1991年にバルディグナ修道院の建物を購入して公共財産とし、修復と復元に着手した。

チュリゲーラ様式の聖堂。外付けの鐘楼と緑がかった上薬をかけた瓦葺きのドームが特徴的。ドームの内側は、花をモチーフにした化粧漆喰のフリューロン（天井を飾る花形装飾）が美しい

入念な修復

1991年、バレンシア州は修道院を購入し、基本計画に沿ってただちに修復を開始した。その作業は現在も続いている。1999年、州政府の合意のもと、建物全体を管理し価値を高める役目を担うハイメ2世財団が創設された。以来、復興作業は勢いづき、オリーブ搾油場やポルタル ヌエボ（新アーチ）が再建された。同様に、主要な建物であるサンタ マリア聖堂にもさまざまな手が加えられ、一般に公開されている。2008年には食堂が復活した。この施設を使ったイベントとして、美術展やコンサート、演劇、ダンス、書籍刊行物の制作、鍵盤音楽フェスティバル、そのほかサイエンス系の催しや会議などが計画されている。

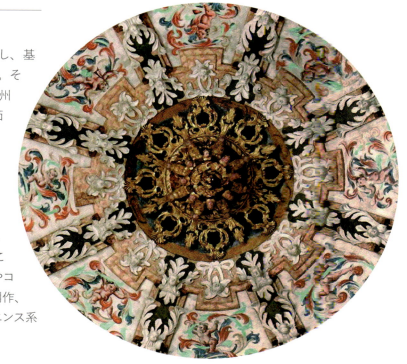

サンタ マリア デラ バルディグナ修道院

修道院風 パエリヤ

Paella conventual
パエーリャ コンベントゥアル

材料

— 米	600g
— オリーブ油	170mℓ
— 魚のスープストック	6.25カップ
— シバエビまたはクルマエビ	250g
— アサリ、ザルガイなど	250g
— ムール貝	500g
— イカ（中）	1匹
— エンドウ豆の缶詰（小）	1個
— 赤ピーマンの水煮缶詰（小）	1個
— ニンニク	1/2片
— トマト（完熟）（中）	2個
— ピーマン	2個
— タマネギ（中）	1個
— サフラン	数本

調理法

- オリーブ油の半分をフライパンに入れて熱し、タマネギのみじん切りをじっくり炒める。5分経ったら、皮をむいてタネを取り細かく刻んだトマトを加える。
- 米を調理するパエリヤ鍋に、残りのオリーブ油と先のソフリート（野菜の調味料）と、サフラン、エビ、ムール貝以外の他の材料をすべて入れる。ひと煮立ちさせて、十字の形に米を加える（米は水が白くなるまで洗っておく）。米をスパテラで鍋全体に広げ、数分炒める。焼き色はつかないようにする。スープストックを加え（白米を炊く2倍の量）、あぶったサフランを入れる。ここで、きれいにしたムール貝とエビを全体にまんべんなく置く。
- 米粒が全体に色づくまで中火にかける（約20分）。火を止めたら、盛り付ける前にパエリヤ鍋に濡れふきんでふたをして、5分置いておく。

洋ナシのワイン煮

Peras al vino
ペラス アル ビノ

材料

— 洋ナシ	4個
— 赤ワイン	500mℓ
— 白ワイン	500mℓ
— 砂糖	大さじ3
— シナモンスティック	1本
— クローブ	8個

調理法

- 洋ナシの皮をむき、それぞれに2個ずつクローブを差しておく。
- キャセロール（両手鍋）に赤ワイン、白ワイン、砂糖、シナモンスティックを入れ、そこに洋ナシを入れる。
- 弱火にかけ、少なくとも液の1/3がなくなるまでおく。
- 洋ナシを、スプーンを2本使ってそっと取り出し、果肉が崩れないように盛り付ける。
- 冷まして冷蔵庫に入れる。少し冷たい方がおいしい。
- 煮込むワインは、赤・白を混ぜたものの替わりに甘いマスカットワインでもよいが、その場合は砂糖を入れない。

バレンシア

プッチ王立修道院 　　　　　　Real Monasterio del Puig

プッチ王立修道院の起源

　1237 年、ちょうどハイメ 1 世の軍が近くの都を征服する準備をしていたころ、メルセス修道会の創始者である聖ペトロ・ノラスコは、丘（バレンシアの言葉でプッチという）の頂上で聖母マリアの像を発見した。それがプッチ王立修道院の起源となった。マリア像は今も保存され、修道院の大礼拝堂で見ることができる。バレンシア王国を征服できたのは聖母マリアのおかげだと考えたハイメ 1 世は、プッチの聖母マリア像を征服地の守護聖人とし、敬意を表して聖堂を建立すると、メルセス会の修道士たちにこの新たな聖地を委ね、彼らを永久管理者に任命した。

　プッチ修道院は、ふたつの建物からなる。厳密な意味での修道院（修道士の住居）とサントゥアリオ デ ラ パトロナ デル レイノ デ バレンシア（バレンシア王国の守護聖人の聖堂）である。そのふたつが、4 つの大きく堅固な塔に囲まれた巨大な四角形の塊を形成し、都会的な風景のなかでひときわ異彩を放っている。

修道院

　エル エスコリアル風のプランと様式をもつ現在の修道院は、1588 年 9 月 1 日に建設が始まり、南東側の塔の基礎に最初の石が置かれた。建物を設計し建設作業を主導したのは、アントン・デハード・デ・ラ・コッサである。

　修道院へは東側ファサードにある門衛所から入る。そこへはピントール ペイロ通りから続く坂道を

プッチ王立修道院は、1969 年に国の歴史 芸術記念物（重要文化財）に指定された。ルネサンス様式の建物には、ハイメ 1 世の要望で建てられた防衛用の 4 つの塔がある

ハイメ 1 世は、降伏したイスラム王セヤンから受け継いだ都の鍵を、バレンシアの守護聖女としたプッチの聖母マリア像の足元に捧げた。

ゴシック様式の聖堂は、修道院の建物全体で最も古い部分だ。ロヘル・デ・ラウリア提督の要請により、1300年に建設が始まった

た交差ヴォールトに覆われている。聖堂の広さは26×15メートル、西ゴート様式の大礼拝堂すなわち四角いアプスをもつ内陣が中心を占める。聖母マリア像がまつられたニッチは、大礼拝堂の後方にある。

文化施設および資料館

現在、建物の一角には従来どおりメルセス会修道士が居住しているが、その他のエリアはバレンシア州政府が管理する文化・社会活動施設となっている。サロン レアル内の部屋（スペインの王族がバレンシアを訪れた際にのみ使用される）も見学が可能。ゴシック様式のハイメ1世の間では、王剣のレプリカを見ることができる。また、木製の印刷道具、活版印刷の組版、手彫りのレリーフ、グーテンベルク時代の印刷器具など、興味深い品々が展示された印刷資料館も非常におもしろい。

通って北側から、あるいはビルヘン デル プッチ大通りから続く坂道を通って南側からと、2通りのアクセスが可能。回廊の1階は食堂、礼拝堂、ゴシック様式の広間へ通じている。回廊の4つの翼には、ホセ・ベルガラ（1726〜1799年）の絵が数多く展示され、いずれの翼からも中央のパティオに出ることができる。回廊の2階は教会（聖堂、聖具保管室、聖母マリア像をまつる壁龕(ニッチ)）、サロン レアル（王家の間）、プッチ騎士団の間へ通じ、ここにもいろいろな画家による宗教画が展示されている。

回廊の2階は、修道士たちの部屋、参事会室、サロン レアル、プッチ騎士団の間へと通じている

サントゥアリオ

現在の建物は、ロヘル・デ・ラウリア提督によって1300年に建設が開始された。その後、妻のドニャ サウリナ・デ・エンテンサが引き継ぎ、娘のマルガリータ・デ・ラウリア・イ・エンテンサが14世紀なかばに完成させた。聖堂は四角いプランで身廊が3つあり、頑丈な角柱に支えられ

建物内には、興味深い印刷資料館がある

イカスミのパエリヤ

アロス ネグロ

材料

- ボンバ米（パエリヤ用の米） 300g
- コウイカ 1匹
- エビ 250g
- タマネギ 1/2個
- ミニトマト（完熟） 2個
- ニンニク 3片
- ピーマン 1個
- 魚のスープストック 1ℓ
- イカスミペースト 3袋
- 白ワイン 1カップ
- オリーブ油
- 塩

調理法

- タマネギ、ピーマン、トマト、ニンニクをみじん切りにする。エビは殻をむいておく。パエリヤ鍋にオリーブ油をやや多めに入れて、熱したらイカを5分ほど炒める。タマネギとピーマンを加えてかき混ぜ、さらに5分炒める。ニンニクとエビを加えてさらに数分炒めてから、つぶしたトマトを入れて軽く塩を振り、さらに5分炒める。ぬるま湯で解凍したイカスミを加える。
- このパエリヤ鍋に米を入れ、およそ2分はかき混ぜないでおく。白ワインを加えて煮詰める。米に魚のスープストックの半量を入れてひと煮立ちさせる。強火に10分かけたら、残りのスープストックを加える。中火に弱めてさらに10分してから火からおろし、きれいな濡れふきんでふたをして5分寝かせる。アリオリソースを添えて盛り付ける。

バレンシア風 フルーツケーキ

ミカレット

材料

- 小麦粉 1kg
- 砂糖 200g
- バター 150g
- 卵 4個
- イースト（パン酵母） 50g
- フルーツの砂糖漬け 250g
- 卵 1個

調理法

- 大きなボウルに、小麦粉、砂糖、バター、卵、イースト（パン酵母）と塩少々を入れる。よくかき混ぜて生地にしたら、2倍ほどの大きさに膨らむまで寝かせておく。
- 生地をロール状に伸ばし、端と端を合わせて丸くする。天板に適度に油を塗って生地を置き、フルーツの砂糖漬けを上にのせる。つやだしの溶き卵を塗り、最後に粉砂糖を振りかける。
- オーブンを180度に予熱し、生地に焼き色がつき始めるまで、20〜25分焼く。
- 生地にドライフルーツやレーズンを練りこんでおいてもよい。これは生地をロール状にする時に入れる。

バレンシア

サン ヘロニモ デ コタルバ王立修道院
San Jerónimo de Cotalba

歴史

　この修道院の歴史を理解するには、14世紀までさかのぼらなければならない。1374年、シャビアの平地に定住した隠者の一団が、聖ヒエロニムス（ヘロニモ）会修道院を創設した。時のローマ教皇グレゴリオ11世にじかに願い出て、許可が与えられたのだ。

　1387年、修道院がバルバリア海賊に襲われ、修道士が全員連れ去られる。ガンディア公アルフォンソ・デ・アラゴンは、多額の身代金を払って修道士を救出した。元の住居に戻るのを不安がる修道士たちを見た公爵は、翌1388年、コタルバという小さな村に住むイスラム教徒から

農業資料館

サン ヘロニモ デ コタルバ修道院では、18、19、20世紀にスペインで使われていたさまざまな農機具を見ることができる。厩舎にあるゴシック様式のアーチの下には、脱穀機、軛（くびき）、犁（すき）など、農作業に使われた道具や馬具がいくつも置かれている。

土地を買い取り、転居先としてシャビアの聖ヒエロニムス修道会に寄贈する。カスティーリョ神父の年代記によると、修道院の建設を指揮するため、ガンディア公の執事ペレ・マルチ（詩人アウシアス・マルチの父親）が派遣された。もっとも、マルチが実際に建物を設計したのか、建設過程においてガンディア公の代理を務めただけなのかはわからない。

　修道院の生活は何事もなく続くが、1751年に疫病が蔓延す

る。病に苦しむ修道士たちは、修道院に移されていたサル デ オニルの聖母マリアにすがった。おかげで目に見えて病が癒えたことから、彼らは礼拝堂を建て、聖母マリアはこの修道院があるロトバの守護聖女となった。

永代所有財産解放令

　1812年、修道士たちはコタルバ修道院を離れる。スペイン独立戦争の過程でナポレオン軍に立ち退きを余儀なくされたのだ。しかし所有財産の剥奪や売却には至らず、戦いが終わると、ふたたび修道士がこの場所へ戻ってきた。

　コタルバ修道院は、19世紀のあいだ度重なる永代所有財産解放令に苦しめられるが、とどめを刺したのはメンディサバル法の発令だった。1835年8月6日、修道士たちはこの修道院を去る。何年かのち、

修道院の台所は15世紀に造られ、当初は食堂も兼ねていたが、16世紀に修道士の数が増えると、食堂は別の部屋に移された。台所の見どころは、モーロ式のかまどと15世紀のタイルだ。

アイルランド出身のトレノール家がその地所を購入して農地として開拓すると、マスカットがよくとれる畑となった。その時期、かなりの資金を投じて建物の一部が住居として整備され、本来の調度品もいくらか買い戻された。1936年にはスペイン内戦が勃発し、コタルバにとって過酷な時期が訪れる。戦時中、かつての修道院は戦いで負傷した人々のための病院となり、老人保護施設としても使われた。内戦が終わると所有権はトレノール家に戻り、1946年、内戦後も住む場所がないままでいた跣足(せんそく)カルメル会に修道院の一部の使用権が与えられた。

現在のコタルバ修道院

建物はバレンシア州文化省の了承を得て2005年から一般公開され、ゴシック様式の塔がある入口付近のパティオ、オレンジの木があるパティオ、ムデハル様式の回廊、バロック様式の礼拝堂がある昔の教会、サル デ オニルの聖母マリア像が置かれた昔の参事会室が見学できる。また、ボラス(コタルバの修道士となった画家ニコラス・ボラス)によるフレスコ画(画家フアン・デ・フアネスのスタイルを踏襲した「最後の晩餐」)が飾られたオリーブ搾油場、サイロ、圧搾場、厩舎、昔の修道士が使った台所に

コタルバ修道院には、2段になったギャラリーが4つあり、回廊の形をなしている。1階部分は修道院が建てられた当初、つまり14〜15世紀に建造された。一方、2階のギャラリーはそれぞれ建造時期が異なり、15〜18世紀のあいだに数度にわたって造られた。

加え、ロマンチックで印象的な庭園やそれを取り囲むゴシック様式の水道橋も見ることができる。コタルバ修道院は、周囲の環境を含め、1994年に建造物部門の重要文化財に指定された。

バレンシア州アルファウイール、コタルバの丘の上に立つサン ヘロニモ デ コタルバ王立修道院は、ガンディアの町から8キロ離れた、風光明媚な場所にある

バレンシア風 スポンジケーキ

Coca boba コカ ボバ

歴史を少々……

「コカ ボバ」は、バレンシア州で「コカ ヤンダ」とも呼ばれている。このビスコチョを焼く時の背が低く幅広い錫の型が、バレンシアで「ヤンダ」と呼ばれているからだ。かつては、各農家が農場で取れるものでこの菓子をつくる伝統があり、生地をオーブンへ運ぶときにこうした錫の型を使っていた。

材料
— 卵　　　　　　　　　　4個
— 砂糖　　　　　　　　　500g
— 小麦粉　　　　　　　　500g
— ヒマワリ油　　　　　　180mℓ
— 牛乳　　　　　　　　　300mℓ
— レモンのすりおろし　　1個分
— ベーキングパウダー　　1袋

調理法
- オーブンを200度に予熱する。ボウルでまず卵を溶き、続いて油、牛乳、砂糖、レモンの皮のすりおろし（黄色い部分のみ）を加える。
- 小麦粉とベーキングパウダーを混ぜ、目の細かい粉ふるいでふるう。ふるったら、かき混ぜながら溶き卵に少しずつ入れていく。柔らかいクリーム状の生地にする。
- 生地は寝かせず（オーブンのなかで膨らむ）、型（30×20×5cm程度）をクッキングペーパーで覆い、生地を流し込む。クッキングペーパーを型にうまくひくコツは、ペーパーを一度丸めてくしゃくしゃにしておくこと。これで柔らかくなってひきやすくなる。
- 最後に生地を砂糖で覆って、30分焼く（ナイフの先で突いた時にきれいに抜けるようになるまで）。

バレンシア風 魚と野菜のマリネ

Espencat
エスペンカット

材料

— 干しタラ　　　　　　　　　200g
— アンチョビの缶詰　　　　　1個
— ナス　　　　　　　　　　　2本
— 赤ピーマン　　　　　　　　2個
— 卵　　　　　　　　　　　　2個
— 塩
— オリーブ油
— コショウまたはクミン
— パン デ パジェス（大きなパン）のトースト（好みで）

調理法

- オーブンを180度で10分予熱する。ピーマンとナスを洗い、オーブンで30分ほど焼く。焼けたらオーブンから出し、新聞紙でくるむ。冷めたら皮をむく。
- ピーマンとナスを細切りにし、大皿に交互に置いていく。こうすればこの「エスペンカット」がナスとピーマンの色で見栄えよく食欲をそそるようになる。塩コショウをする。トーストしたパンの上に同様に置いていってもよい。
- タラを細かく分け、良く洗って塩を取り、ナス、ピーマンの上にのせる。アンチョビも同様にする。良質のオリーブ油を適度にかけ、黒コショウ少々とクミンを振る。好みで、いろいろな塩漬け魚や刻んだゆで卵、くし切りにしたトマトなどを合わせてもよい。

話の種

「エスペンカット」は「エスカリバダ（隣州カタルーニャの焼き野菜のマリネ）」によく似た料理で、バレンシア湾に広く接しているために非常に多くのレシピがある。ここに挙げたタラのほかにも、「モハマ（マグロの塩漬け）」などいろいろな魚の塩漬けや、さまざまな魚卵、ゆで卵などを加えることもある。松の実やケッパー、ブラックオリーブを入れる地方もある。

バレンシア

トリニダード王立修道院
Real Monasterio de la Trinidad

創設と歴史

トリニダード王立修道院は、「度量王」アルフォンソ5世の妻マリア・デ・カスティーリャによって1444年に創設された。王妃は、ナポリ王を兼ねていた夫の長期不在中に摂政を務めていた。15世紀後半から16世紀のはじめにかけて、この修道院は華々しい繁栄の時期を迎え、バレンシアの町における文化および宗教の拠点となる。当時の修道院長が有名な作家のイサベル・デ・ビリェナ、院所属の医師が天才詩人ハウメ・ロイグであったこと、同様に「カトリック王」フェルナンドの実

回廊の西翼には15世紀の食堂があり、中には説教壇がある。そこから修道女のひとりが福音書の何節かを朗読し、他の修道女たちは食事をしながら耳を傾けた

の娘マリア・デ・アラゴンがここで修道誓願を立て、埋葬されていることも繁栄ぶりを物語っている。ドイツの旅行家ジェロニモ・ミュンツァーは、1494年にバレンシアを訪れたのち、この修道院について次のように言及している。「あれほど豪華絢爛なレタブロや装飾品にあふれる教会は見たことがない。じつに驚くべき壮麗さだ」

混合様式

パティオは、隣接するいくつかの建物への入口となっている。パティオに面した聖堂の扉は巨匠ペーラ・コンプテの作品で、イタリアの彫刻家ルカ・デッラ・ロッビアの作とされるフィレンツェ派の陶製トンド（凹型刻方装飾）が特徴のじつにおもしろいデザインである。パティオの西側には修道院への入口があ

バレンシアにおける文化拠点

トリニダード王立修道院は、バレンシアの高貴な女性が入る修道院で、禁域はあっても当時の社会から隔絶されることはなく、詩人でこの修道会の医師だったハウメ・ロイグや、作家、音楽家、画家として有名な平修士ニコラス・ファクトルら名士との接触が保たれていた。同様にコレヒオ デル コルプス クリスティ（聖体修道院）や、この修道院内に礼拝堂をもつバレンシア大学とも密接な関係を保ち、さらに持参金と多大な寄付のおかげで豊かな財産と芸術的遺産を併せもっていた。

正面入口にあるフランボワイヤン ゴシック様式のティンパヌム（三角小間）は、細い円柱装飾とベネデット・ブリオーニまたはルカ・デッラ・ロッビアの作品とされるトンドの複製で飾られている。オリジナルは国立陶器博物館に所蔵されている

る。本来の入口は2階にあり外階段から出入りしていたが、すでに取り壊されている。単廊式の聖堂は、ほぼまちがいなくアントニ・ダルマウによって建てられたものだ。1453年に亡くなるまで数々の作品を手がけた巨匠であり、聖堂の下手にあるクワイヤのヴォールトや一般の人は立ち入れない領域に繊細な作品が残されている。聖堂内は、かなり前衛的なバロック時代であった1695～1700年にかけて改装された。サントス フアネス教会と同様、レンガで第二のヴォールトが造られ、それがゴシック様式のヴォールトを保護する役目を果たした。ネオクラシック様式のレタブロが以前のものに取って代わるが、ナポレオン軍との戦争中に破壊された。修道院内のほかの部分は禁域のため公開されていないが、中世期の建物がおおかた保存されているのはその領域である。マリア王妃の墓や、礼拝室がある棟へ続くめずらしい斜めのアーチがある回廊のたたずまいは非常に魅力的だ。

この修道院は、修道院兼病院として創設された。その後、「度量王」アルフォンソ5世の妃マリアのたっての希望でクララ会が入居、以来こんにちまでここで暮らしている。

現在のトリニダード王立修道院

現在、修道会とバレンシア市役所との合意により、修道院内の見学が可能である。ある私企業が案内業務を請け負い、見学ツアーを組んでいる。見学者はまず外のパティオから出発し、回廊、参事会室、食堂、マリア・デ・カスティーリャ王妃の墓を巡るほか、所蔵されている美術品の一部を見ることができる。

漆喰に彫られた枝葉模様と天使が彩るメダイヨン（円形浮き彫り）が、聖堂内を華やかに飾る

魚のシチュー

Suquet de pescado
スケット デ ペスカード

材料

- メルルーサ　　　　　　4切れ
- 大エビ　　　　　　　　4尾
- アサリ　　　　　　　　250g
- ムール貝　　　　　　　250g
- 魚のスープストック　　2ℓ
- ジャガイモ　　　　　　500g
- タマネギ　　　　　　　1個
- ニンニク　　　　　　　4片
- トマト（完熟）　　　　2個
- オリーブ油　　　　　　500mℓ
- 小麦粉　　　　　　　　100g
- パプリカ粉　　　　　　大さじ1
- 塩
- サフラン　　　　　　　数本
  もしくはコロランテ（食品着色料）

調理法

- タマネギ、ニンニク、ジャガイモの皮をむき、大きめのさいの目に切る。ジャガイモは分けておく。
- 切ったタマネギと、トマト、ニンニクをミキサーにかけてピューレをつくる。
- フライパンにオリーブ油1カップ（200㎖）を入れて中火で温める。エビとメルルーサを小麦粉ではたき、両面によく焼き色がつくまで炒める。
- 大さじ3〜4のオリーブ油（約50㎖）で、タマネギ、トマト、ニンニクのピューレを弱火で10分ほど炒める。塩で味付けし、酸っぱすぎるなら砂糖を少し足す。
- 大きなカスエラ鍋に残りのオリーブ油を十分入れ、熱したらさいの目に切ったジャガイモを入れてじっくり炒める。焼き色がついたら、アサリとムール貝を入れてかき混ぜる。貝の口が開いたら、パプリカ粉を入れて焦がさないように注意し（苦くなるので）、続いて炒めたタマネギのピューレを入れる。少しかき混ぜたら魚のスープストックを注ぐ。スープには前もって、弱火であぶってすりつぶしたサフランまたはコロランテ（食品着色料）で色を付けて、弱火で10分温めておく。
- 塩で味をととのえたら、崩れないように注意をしてエビとメルルーサを入れる。スープが煮詰まるまでさらに5分火にかける。熱いうちに盛り付ける。

エストレマドゥーラ

グアダルーペ修道院 Monasterio de Guadalupe

サンタ マリア デ グアダルーペ王立修道院は、カセレス県グアダルーペの、ラス ビリュエルカスというひなびた町にある。エストレマドゥーラ州にある岩絵の大半が集中し、考古学的遺物や、長い歴史のなかでこの地に存在した多様な文化の遺跡が数多く残る地である。

伝説

グアダルーペ修道院と聖地は、グアダルーペのマリア像の起源と密接に結びついている。この修道院が建設され、さらに世界各地に広まった理由は、そのマリア像にあった。グアダルーペのマリア像がつくられたのは1世紀で、作者は"聖ルカ"本人だとする古文書もあるが、現在この地で尊ばれている像は、12世紀にスギ材でつくられたロマネスク様式の像である。

フランシスコ修道会

この聖地の歩みは13世紀の終盤に始まった。当初は小さな教会であかの有名なミゲル・デ・セルバンテスもまた、グアダルーペを訪れた数知れぬ巡礼者のひとりだった。アルヘルの牢獄から解放されたセルバンテスは、幽閉中につながれていた鎖を聖母に捧げたいと思い立ち、1580年にこの聖地に立ち寄った。当時、グアダルーペ大聖堂には、解放された者たちが足かせを納める場所があった。

り、最初の数年間は司祭ペドロ・ガルシアが管理していた。14世紀末になると、いわゆる第二の教会がとって代わる。1389年から4世紀以上にわたり聖ヒエロニムス会がこの修道院を運営してきたが、1835年に

メンディサバルの永代所有財産解放令が発令され修道院の所有物がすべて没収・譲渡されると、この地を離れた。地元の知識人らの執拗な求めとアルフォンソ13世の勅命のおかげで、1908年11月7日、グアダルーペの聖地は聖職者の手に戻る。今回はフランシスコ修道会であり、修道士たちは聖地を復活させ、今日まで守りつづけている。

現在のグアダルーペ修道院

現在、フランシスコ修道会には随時10〜12人の修道士がおり、彼らは宗教活動のほか、修道院内にある立派な宿泊所を運営し（管理は世俗のスタッフが担当）、同様にレストランも経営している。47室ある宿泊所は昔のゴシック様式の回廊に位置し、各部屋にはバスルーム、テレビがあり、インターネットにも接続できる。宿泊所は、主の御公現（1月6日）の次の日曜からひと月のあいだは閉鎖される。

豊かな芸術遺産

1389年に聖ヒエロニムス修道会がやってくると、グアダルーペ修道院は多くの芸術作品が集まる一大拠点となった。その芸術遺産の大半は、こんにちまで伝えられている。偉大な記念碑ともいうべきこの修道院の建設が始まったのは14世紀末、ゴシック ムデハル様式によって初めて絵画的な様相が加わった。もっともこの修道院が貴重な芸術作品、特にビセンテ・カルドゥーチョ、エウヘニオ・カヘス、スルバラン、エル・グレコなどの絵画を迎え入れるのは、時代が下って17世紀（スペインの黄金時代）のことである。見事な刺繍や装飾写本のコレクションもあり、107点ある装飾写本のうち97点は壮麗な大判の聖歌集である。

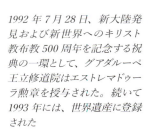

1992年7月28日、新大陸発見および新世界へのキリスト教布教500周年を記念する祝典の一環として、グアダルーペ王立修道院はエストレマドゥーラ勲章を授与された。続いて1993年には、世界遺産に登録された

グアダルーペ修道院

トマトと野菜のスープ

Sopa de tomate
ソパ デ トマテ

歴史を少々……

トマトがヨーロッパにもたらされたのは、コルテスのヌエバ エスパーニャ（現在のメキシコ）征服に同行したフランシスコ会修道士の手によるものだと、おおかたの歴史家の意見は一致している。トマトは毒をもつ植物と考えられていたため（実際に葉はそうである）、当初は医療目的での単なる植物学的な興味の対象だったはずだが、すぐに、その実はオリーブ油、タマネギ、ニンニクと一緒に食すとさっぱりとしたサラダとなることが分かった。

材料

- タマネギ（中） 2個
- ニンニク 4片
- ピーマン 2個
- 赤ピーマン 1個
- トマト（完熟、皮をむく） 9個
- トマテフリート
  （スペイン風トマトソース） 250g
- ローリエ 3枚
- イタリアンパセリ 2房
- クミンパウダー 少々
- 塩、オリーブ油、水

調理法

- 野菜をすべてみじん切りにする。フライパンでタマネギ、ニンニク2片分、ピーマンを弱火で炒めてソフリート（野菜の調味料）をつくる。トマトを加えて、煮詰める。続いて水（濃さの好みに応じて、目分量で）、トマテフリート（スペイン風トマトソース）と、タコ糸で巻いたローリエとパセリを加え、ひと煮立ちさせる。
- フライパンにクミンと残りのニンニク2片、塩を加える。糸でまとめたハーブ類をひき上げ、スープをもっと滑らかにしたければ、ミキサーにかける。
- いただくまでスープは寝かせておく。スライスしたり角切りしたパンを添えてスープ皿に盛り付けてもよい。パンは、おろしたチーズをまぶしたり軽くトーストしたりしてもさらにおいしくなる。グアダルーペ地方では、旬の時にはブドウやイチジクと合わせて食すのが習慣だ。

前夜祭（精進の日）のポタージュ

Potaje de vigilia
ポタヘ デ ビヒリア

材料

- ヒヨコ豆　　　　　　　1kg
- フダンソウ　　　　　　1束
- タマネギ　　　　　　　1と1/2個
- ニンニク　　　　　　　1玉
- 揚げパン　　　　　　　2枚
- ニンジン　　　　　　　4本
- ローリエ　　　　　　　6枚
- サフラン　　　　　　　1袋
- ゆで卵　　　　　　　　2個
- 干しタラ（塩抜き）　　100g
- オリーブ油　　　　　　大さじ4
- クローブ
- コリアンダー
- クミン
- パプリカ粉

調理法

- ヒヨコ豆を前日の夜に、少量の塩を入れたぬるま湯に浸しておく。
- 一晩経ったら、ぬるま湯を張った鍋に、豆と、タマネギまるごと、ニンニク（1片は残しておく）、ローリエ、輪切りにしたニンジンを入れる。火にかけて、浮いてきた泡はとる。
- 別に、タマネギ半分と残しておいたニンニクをみじん切りにして炒めてソフリート（野菜の調味料）にし、パプリカ粉、その後にパン、サフラン、クミン、コリアンダー、クローブ、刻んだゆで卵を加える。先の鍋からタマネギ、ニンニクを取り出し、ゆで汁を少し取っておく。
- 炒めたものをすりつぶして漉し器にかける。豆の鍋にタラ、フダンソウと先のピューレを加えてさらに煮込む（必要ならばゆで汁を加える）。最後に塩で味をととのえる。

話の種

キリストが砂漠で40日間断食したことに倣い、復活祭前の準備期間40日間は断食と禁欲を守ることと定めたのは、ニカイア公会議（325年）だった。かつては、この苦行は、食事は一日一度きりとしており、守れなかったものは破門された。修道会はこの規則を守り、金曜日には1食だけ、普通は夕暮れ時に食べるのが習慣だった。

エストレマドゥーラ

ユステ修道院

Monasterio de Yuste

起源

ユステ修道院は、クアコス デ ユステという村にほど近い山麓にある。この修道院の起源は1402年にさかのぼる。当初は「貧しき隠遁者」と呼ばれる宗教的な隠者集団が居住していたと思われるが、のちに聖ヒエロニムス修道会が取って代わる。15、16世紀に建物が拡張され、現在の形に近い状態になった。それは方々からの寄付、とりわけオロペサ伯爵とプラセンシア伯爵からの寄付のおかげだった。現在の聖堂もふたつある回廊も、その時期に造られたものである。

王の隠遁所

1556年、ユステ修道院の名を歴史に刻む出来事が起きた。その年、世界一の権勢を誇るスペイン王カルロス1世（神聖ローマ帝国皇帝カール5世）は王位を退き、権力の座を離れ、広大な帝国の片隅にある、この人里離れた美しい地で晩年を過ごすことを決めたのである。そのために修道院を改装し、隣に王の館を建てる必要が生じた。こうして、エストレマドゥーラのちっぽけな村に、突如として、ヨーロッパ屈指の高官やスペイン宮廷の高貴な人々が訪れるようになった。そのなかには、カルロス1世の息子で未来の皇帝フェリペ2世もいた。また、カルロス1世の庶子フアン・デ・アウストリアは、この地で父親と初めて顔を合

修道院の回廊

わせた。近くの村クアコス デ ユステには、フアンが泊まった家が保存され、彼に敬意を表して「ヘロミンの家」（ヘロミンはフアンの幼名）と呼ばれている。

ユステで目にするめずらしい品々には、王が痛風の苦しみをやわらげるために使った、曲げ伸ばしができる足置きのついた椅子や、奇妙な輿がある。輿は王の移動用に使った担架だが、むしろトランクに似ている。

左の写真は、カルロス1世が晩年を過ごした修道院に隣接する館

修道院と王の館

建物全体は、建築学的にはっきり異なるふたつの部分からできている。一方は修道院、もう一方は王の館である。修道院のほうは、中心に位置する聖堂とふたつの回廊から構成される。回廊は一方がゴシック様式、もう一方はクラウストロ ヌエボ（新回廊）と呼ばれている。聖堂とゴシック様式の回廊は15世紀、その他は16世紀に建造された。

聖堂は、ひとつだけの身廊と多角形のカベセラからなる。聖堂からつながるゴシック様式の長方形の回廊は2層構造で、平らな木の天井に覆われている。新回廊はルネサンス様式で、構造はゴシック様式の回廊と似ている。

一方、カルロス1世の館は簡素で、素材は主にレンガと粗石、切り石が用いられ、装飾的な要素はほとんどない。2007年以降、修道院と王の館を含めた建物全体がヨーロッパの歴史遺産となっている。

ユステ風 干しタラのグラタン

Bacalao estilo Yuste
バカラオ エスティーロ ユステ

材料

- 干しタラ（塩抜き）　　500g
- ジャガイモ　　　　　　1kg
- 牛乳　　　　　　　　500mℓ
- バター
- オリーブ油
- 塩

調理法

- 干しタラの骨を丁寧に抜き、細かくほぐす。ジャガイモは皮をむき、小さく切り分ける。
- 水を沸騰させたカスエラ鍋で、タラとジャガイモをゆでる。塩を加え、約20分そのまま火にかけておく。火からおろして水気を切り、タラとジャガイモをペースト状になるまですりつぶす。ぬるめの牛乳とオリーブ油を少しずつ加えながら、よくかき混ぜてなじませる。混ざったタラとジャガイモのペーストが薄めに広がるよう広めのオーブン皿に入れる。
- 表面にバターのかけらをいくつか置き、オーブンに入れて中火で約10分焼く。
- トーストしたパンのスライスにのせて盛り付けてもよい。
好みでイタリアンパセリのみじん切りを散らしてもよい。

エストレマドゥーラ風 ホワイトガスパチョ

Gazpacho blanco extremeño
ガスパチョ ブランコ エストレメーニョ

材料

— パン粉　　　　　　　　　300g
— アーモンドスライス　　　150g
— ニンニク　　　　　　　　3片
— 卵　　　　　　　　　　　4個
— ビネガー　　　　　　　　大さじ3
— オリーブ油　　　　　　　大さじ5
— 塩

調理法

- ボウルにオリーブ油と、湿らせたパン粉、皮をむき塩少々と一緒にすりつぶしたニンニク、ビネガーを入れる。
- 十分に熱したオリーブ油で卵を焼き、固まったら、他の材料の入ったボウルに加える。
- すべて一緒にミキサーにかけ、かき混ぜながらアーモンドを加える。塩で味付けする。濃い目のペースト状になるので、好みの濃さに冷水を加え、より滑らかにするために漉し器にかけてもよい。
- 十分に冷やして盛り付ける。ブドウや、メロン、リンゴ、イチジクなど果肉の多いフルーツならなんでも合わせられる。クルトンでもよい。

エストレマドゥーラ

テントゥディア修道院　Monasterio de Tentudía

不思議な伝説

テントゥディア修道院にまつわる伝説は、13世紀に端を発する。レコンキスタの時期、「聖王」フェルナンド3世は、サンティアゴ騎士団長ペラーヨ・ペレス・コレアに、テントゥディアの山岳地帯をサラセン人（イスラム教徒）から奪回するよう命じた。しかし、あと少しで勝敗が決まるという局面で、まもなく日が暮れると知りながらも、キリスト教徒の軍勢は目的を果たせずにいた。切羽詰まった騎士団長は、「聖母マリアよ、太陽を引き留めてくれ！」と懇願した。伝説によると、太陽がしばらく地平線上で止まり、そのおかげでキリスト教軍は勝利をおさめることができたという。

標高1100メートルのテントゥディア峰からの眺めは壮観だ。地域一帯が見渡せ、牧草地や山岳地帯など、バダホス南部らしい景色が楽しめる。

騎士団長ペレス・コレアは力を貸してくれた聖母マリアに感謝し、この奇跡を称えるために小さな教会を建てさせ、その教会にトゥディア（テントゥディア）の守護聖人である聖母マリアの名前をつけた。その後、歴代のサンティアゴ騎士団長によって教会は拡張されていった。

1514年、ローマ教皇レオ10世の宣明により、この教会は修道院となり、周辺の9つの村からなる、

この修道院は、一見したところ小さな要塞のようだ。サンティアゴ騎士団の建物に共通する外観である。回廊（右の写真）はムデハル様式で、各翼にある4つの足高アーチ、中央にある貯水槽が特徴的

祭壇の中心に据えられたレタブロ。中央に描かれた、エッサイの樹（ダビデの父エッサイからキリストに至る系図）と聖母マリアの姿が際立つ

聖母マリアを守護聖人に戴くトゥディア管区の中心と見なされるようになった。1551年には修道院内に人文科学学校が創設され、エストレマドゥーラで最も重要な学校のひとつとして、文法や学芸、神学が教えられた。この学校は19世紀のはじめまでは存続していたに違いない。なぜなら、1881年に発行された雑誌〈セビーリャ マリアナ〉に、「サンタ マリア デ トゥディアで学んだ高齢者たちがいる」という記述があるからだ。

簡素な建築様式

聖堂は身廊ひとつとその両脇にある礼拝堂からなり、石材と荒石（加工していない石をモルタルで接着したもの）でできている。東側のファサードに銃眼胸壁があるのは、サンティアゴ騎士団が要塞を兼ねた聖堂を建てる際の慣例による。修道院の回廊は16世紀のもので、総レンガ造りのムデハル様式。1階のギャラリーの翼には4つの足高アーチ（幅よりも高さが大きいアーチ）、2階のギャラリーには5つの三心アーチ（高さよりも幅が大きいアーチ）がある。回廊の中央の地中には貯水槽がある。上下の回廊は、たとえば調理場、修道士の個室、食堂など、それぞれ修道院内の別々のエリアへつながっている。どの部屋も装飾は乏しく、

テントゥディア修道院を飾る美しいタイルをつくったイタリア生まれの陶芸家ニクロソ・ピサーノは、15世紀の末にセビーリャに移り住んだ。革新的なテクニックと装飾法で、彼はまたたくまに有名になったに違いない。その斬新な芸術の秘訣は、無地のタイルを1枚のパネル状に並べて、注文されたテーマごとのシーンを絵画のように描いていく手法にあった。あとはそれらのパーツを焼き窯に入れて表面をガラス状にするだけでよかった。

何もない平らな木の天井もしくは大まかな交差ヴォールトで覆われている。

見事なレタブロ

この建物で圧巻なのは大きなレタブロで、セビーリャに移住した有名なイタリアのタイル職人フランセスコ・ニクロソ・ピサーノによって1518年に制作された。ピサーノが当時の副修道院長フアン・デ・リエ

ロと交わした契約書が保存されており、それによると、制作期間は3ヵ月、タイル1枚につき10マラベディ、さらに約5000マラベディの前金を受け取ったことがわかる。ムデハル様式とルネサンス様式とが見事に調和したレタブロには、聖母マリアの生涯におけるさまざまな場面が色鮮やかに描き出されている。祭壇の右手には創設者の墓があり、レタブロと同じ外観と様

この修道院には、サンティアゴ騎士団に属した多くの騎士たちが眠る。なかでも有名なのは、カスティーリャ王エンリケ2世の側近ガルシア・エルナンデスだ

式のタイルで覆われている。身廊の両脇にある礼拝堂にもそれぞれタイルのレタブロがあるが、こちらはもっと時代が新しく、聖ヤコブと聖アウグスティヌスに捧げたもので、バロック様式の飾り図案がひときわ印象的だ。聖堂の主役は、13世紀につくられた「カンデレコ（燭台）」と呼ばれる魅力的なテントゥディアの聖母マリア像である。国の重要文化財に指定されたテントゥディア修道院は、度重なる改修を経て、かつての輝きをいくらか取り戻している。

テントゥディア修道院

エストレマドゥーラ風 花型ドーナツ

Floretas
フロレータス

材料

― 卵　　　　　　　　　6個
― 小麦粉　　　　　　200g
― オリーブ油　　　　250mℓ
― 牛乳　　　　　　　250mℓ
― 蜂蜜　　　　　　　500g
― 水　　　　　　　　125mℓ
― 花形のクッキー型

調理法

- 口の広いボウルで卵を泡立てる。牛乳とオリーブ油を加え、全体が良く合わさるまでかき混ぜつづける。小麦粉を加え、ハンドミキサーでかき混ぜて、全体が均質である程度粘り気のある生地にする。
- 大きなフライパンに「フロレータ」の花の形をつくる型を置く。たっぷりのオリーブ油を入れて熱する。
- 十分に熱くなったら型をフライパンから引き出し、生地の入ったボウルに入れて生地をつける（ただし型を覆いつくさないこと）。
- 生地のついた型を油に入れて数秒待ち、その後型を振って「フロレータ」を落とす。
- スパテラで「フロレータ」を数秒沈めてよく揚げる。ひっくり返してまた数秒揚げてから取り出し、キッチンペーパーに置いて油を切る。
- 別のフライパンで蜂蜜と水を温める。沸騰したら、「フロレータ」をひとつずつ浸して蜂蜜をしみこませる。取り出して冷ましておく。

歴史を少々……

型にしている花の形は、聖職者の騎士団、カラトラバ騎士団の十字をかたどっている。カラトラバ騎士団は、カスティーリャ王国で12世紀、もともとは現在のシウダー レアルそばのカラトラバ村の防衛を目的として、ライムンド・デ・フィテーロ修道院長により設立された。つまりは、この菓子はもともとシトー会のいずれかの修道院でつくられた（カラトラバ騎士団はシトー会の傘下騎士団）と考えても無理はないだろう。現在ではこの騎士団は名誉職的な性格だけを保っている。

ナスの詰め物 トマトソースがけ

Berenjenas con tomate
ベレンヘーナス コン トマテ

材料

- ナス　　　　　　　3 個
- トマト（完熟）　　3 個
- タマネギ　　　　　2 個
- 米　　　　　　　　1/4 カップ
- ニンニク　　　　　1 片
- オリーブ油
- クミンパウダー
- 塩
- バジル（盛りつけ用）　少々

ご存じですか？

ナスの原産地はアジア南東部で、イベリア半島にもたらされたのは中世に入ってからだ。食用とされるまでは、火傷や皮膚疾患の治療に用いられていた。炭水化物とタンパク質は少ないが、ビタミンEとカリウムに富んでいる。ジャガイモと同様、消化不良を引き起こす危険のあるソラニンと呼ばれる毒性のあるアルカロイドを少量含むので、生食は適さない。このアルカロイドは加熱によって無くなる。

調理法

- ナスを縦に半分に切り、実の側から皮には届かないように縦横に切り目を入れる。スプーンで中身をくり抜き、苦くならないよう塩水につける。
- その同じ水に入れたまま5分ほど火にかけてゆで、水を切っておく。
- 米を塩水でゆで、水きりをする。
- フライパンで、タマネギのみじん切りと、種を取り細かく刻んだトマト、クミンパウダー少々、みじん切りのニンニク、塩を炒める。一部はそのままとっておき、残りは先のくり抜いたナスの中身と合わせる。でき上がった米を加える。
- ナスにこの米などの詰め物をして、とっておいたトマトソースをそれぞれにかけてオーブンで焼き、盛りつけて、上からバジルを散らす。

ガリシア

サント エステボ修道院

Monasterio de Santo Estevo

創設

サント エステボ修道院は、サン・マルティン・ドゥミエンセ（ブラガの聖マルティン）によって550～555年のあいだに創設された。この地域では、隠者たちがシル川両岸の洞窟で暮らしていたが、しだいに寄り集まっていくつもの修道院が形成された。修道院長フランキラの権勢のもと、サント エステボ修道院は10世紀に全盛期を迎え、続く数世紀でさらに重要性を増し、なかば伝説めいた存在となる。それを裏付けるように、10、11世紀で9人の司教がこの修道院に隠遁した。それがさらに名声を高め、修道院の紋章には9つの司教冠が描かれるようになった。他の修道院と同様、1835年に出された永代所有財産解放令の影響をこうむるが、1923年には歴史・芸術記念物に認定された。オセイラ修道院とセラノバ修道院と並び、ガリシア州オウレンセ県で最も重要な修道院と見なされている。

10～11世紀のあいだに9人の司教がこの修道院に隠遁したのは、サラセン人が侵攻し、イベリア半島の他の地域に動乱が起きていたからだとされる。9人の司教の隠遁でサント エステボ修道院の名声はさらに高まり、修道院の紋章には9つの司教冠が描かれるようになった。

特異な建築様式

この修道院の構造と装飾には、ロマネスク様式、ゴシック様式、ルネサンス様式、バロック様式が混在している。最も重要な部分であるファサードはルネサンス様式で、中央に位置する扉口のまわりには、

幾何学模様の刳型装飾がほどこされている。その上にはペディメントが、さらにその上にはバルコニーがある。扉の上の部分には、スペイン帝国の紋章が掲げられている。入口の両脇にあるトスカーナ式の柱のあいだに、ベネディクト会のふたりの聖人の像が立ち、その上方には、カスティーリャ修道会の紋章（右側）とサント エステボ修道院の紋章（左側）がある。

この貴重な建物は、3つの回廊を囲む構造になっている。「司教の回廊」と呼ばれる最も古い回廊はロマネスク様式。多彩なディテールのなかで最も注目すべきは、2階部分を覆うリブ ヴォールト（肋骨穹窿（きゅうりゅう））だ。ほかのふたつの回廊はルネサンス様式で、こちらも非常に美しい。本来の聖堂はロマネスク様式でプランはバシリカ形式、12世紀末から13世紀初頭に造られたものだったが、のちに幾度も改修が行われた。聖堂には両側に鐘楼がひとつずつあり、身廊は3つ、その端には半円形のアプスが3つある。木造の天井は、16世紀に交差ヴォールトに取って代わられた。聖堂と回廊は自由に見学できる。聖堂内には、イエスと十二使徒をかたどった巨大な石の祭壇が置かれているが、これはもともとルネサンス様式のふたつの回廊のうち大きいほうにあったものだ。16世紀に制作されたルネサンス様式のレタブロは、新約聖書の数々の場面を表現している。

新たな国営パラドール

現在、サント エステボ修道院はパラドールのひとつとなっている。153人まで収容でき、通常のサービスに加えて立派なスパが呼び物となっている。昔の厩舎を使ったレストランは、高さ14メートル長さ50メートルの石のヴォールトが印象的だ。かつてここで暮らしていた修道士は、農作業や物の運搬に使う馬をこの場所で飼っていた。レストランでは、ガリシアの名物料理を提供している。

リベイラ サクラ

サント エステボ修道院は、リベイラ サクラという地域の中心にある。ルーゴ県とオウレンセ県のはざま、ちょうどミーニョ川とシル川が合流する地点だ。リベイラ サクラは原産地呼称（D.O.）ワインの名称にもなっている。この地のワイン、なかでもメンシアとゴデーリョという品種を原料とするワインは、繊細な味が特徴。シル川流域にあるブドウ畑は、石壁で支えた段々畑となっている。川に沿って続くこの「ソカルコス」と呼ばれる段々畑の歴史は、はるかローマ時代にさかのぼる。

サント エステボ修道院は、人里離れた絶景地にある。すぐ近くをシル川が流れ、樹齢数百年の木々が生い茂る森に囲まれている

ベネディクト会風 ポタージュ

Potaje benedictino
ポタヘ ベネディクティーノ

材料

— ヒヨコ豆　　　　　　　200g
— フダンソウ　　　　　　500g
— 白インゲン豆　　　　　100g
— 干しタラ（塩抜き）　　250g
— タマネギ　　　　　　　1個
— パプリカ粉　　　　　　小さじ1
— オリーブ油
— 水、塩

調理法

- 前の晩にヒヨコ豆とインゲン豆を冷水に浸しておく。
- 水を張った鍋を火にかけ、豆の水を切って入れ、約20分ゆでる。
- 時間が経ったら、きれいにして切ったフダンソウを加え、豆が柔らかくなるまで弱火でじっくりゆでる。
- タマネギの皮をむいてみじん切りにし、オリーブ油を中温に熱して、半透明になるまで炒める。
- タマネギのソフリート（野菜の調味料）ができたら、細かくしたタラとパプリカ粉を入れ、数分炒める。
- 豆の鍋にタマネギとタラを炒めたソフリートを入れ、さらに15分ほど煮る。しばらく寝かせてから、熱くして盛り付ける。

歴史を少々……

ベネディクト会の戒律によれば、一日の生活は活動に従ってきっちりと分けられていた。最も重きが置かれるのは、祈りと労働だ。修道士たちは、一日数時間は何がしかの肉体労働を行うことを要求された。戒律の中にも明言されているように、「怠惰は魂の敵である」からだ。

サンティアゴのケーキ

Tarta de Santiago
タルタ デ サンティアゴ

材料
- 生アーモンドパウダー　　250g
- 砂糖　　　　　　　　　　250g
- 卵（大）　　　　　　　　5個
- レモン　　　　　　　　　1個
- シナモンパウダー　　小さじ1/2
- 無塩バター　　　　　　　少々
- 粉砂糖、ココア

調理法
- オーブンを、180度の菓子焼きモード（上火と下火で全体に）で予熱しておく。
- ボウルに卵5個を割り入れる。
- 別の大きなボウルに、アーモンド、砂糖、1/2個分の皮をすりおろしたレモン、シナモンパウダー小さじ1/2を入れて混ぜる。
- 全体が良く混ざったら、卵を入れてゆっくりと混ぜ合わせる。かき混ぜすぎないこと。シリコンへらで混ぜるとよい。
- 22cmほどの丸い底取式のケーキ型の内側全体にバターを塗って、ケーキが型にくっつかないようにする。
- よく混ざった生地を型に流し込み、焼き色がつくまでオーブンで焼く（オーブンによるが、約35～45分）。焼きあがったらオーブンから取り出して冷ます。
- ケーキが冷めたら、シュガーストレーナーを使ってココアを混ぜた粉砂糖をふるう。ガリシアでは、厚紙をサンティアゴ騎士団の十字章に切り抜いて、その上から粉砂糖をふるのが伝統になっている。

ガリシア

サンタ マリア ラ レアル デ オセイラ修道院
Santa María la Real de Oseira

立地と創設

　サンタ マリア ラ レアル デ オセイラ修道院は、オウレンセ県サン クリストボ デ セアのオセイラ小教区内にある。深い谷に位置するこの修道院は、いくつもの建物が寄り集まった壮大な建造物だ。創設当初、ここにはたった4人の修道士しかいなかった。彼らはトラピスト会に属していたと思われる。

　1141年、小さな修道会はシトー会の会則を受け入れ、ガリシア地方で最初のシトー会を結成した。そこへ、シトー会のなかでも最も重要な修道院であるフランスのクレルヴォー大修道院からやってきた修道士たちが加わった。こうして、オセイラ修道院はガリシア地方におけるシトー会のシンボルとなり、そのひと粒の種から、ガリシア各地にシトー会の勢力が広がっていった。やがて聖堂が造られ、1239年に聖別される。

　16世紀、オセイラ修道院はカスティーリャ王国におけるシトー会の

1930年に始まった修道院の修復は、文化省とオウレンセ県議会からの経済的支援を受け、もっぱらシトー会修道士の手で行われた。その努力は、1990年のEU文化遺産賞の受賞によって報われた。歴史建造物や景観の保護を目指す団体等が組織するヨーロッパ ノストラが与える賞である。

一員となった。こうして始まった新たな繁栄の時代は芸術面での刷新をもたらし、16、17、18世紀にさまざまな作品が生まれる原動力となる。しかし他の多くのケースと同様、19世紀に発令されたメンディサバルの永代所有財産解放令によって、この絶頂期も終焉を迎える。その時期、修道院の建物は放棄され、それにともない建造物の崩壊や芸術作品の略奪が始まった。20世紀になって修道士たちが戻ってくると、スペイン屈指の見事な宗教建築であるオセイラ修道院の大がかりな復興・修復作業がスタートした。

聖堂と修道院

中世の時代に建てられた聖堂は、ほかの建物と直角に接している。17世紀には、そこにバロック様式のファサードが加わった。浮き彫りがほどこされた、3列構成の四角いファサードで、中央の列にはペイネタ、両側の列には塔がそびえる。建てられたのは1200〜1239年ごろ、イベリア半島におけるシトー会建築の傑作と考えられ、ゴシック ロマネスク様式の特徴をもつ。そこには明らかに、巡礼地となっているさまざまな教会建築の影響が見られる。

シトー会の教会では、規則により彫刻装飾は事実上認められていなかった。そうした装飾の少なさが、建物の荘厳さをいっそう引き立たせるかに見える。16世紀には正面ファサードがルネサンス様式に改造され、表面に浮き彫りをほどこした典型的な切り石造りとなった。ファサードの上のニッチには、古典主義的な像が彫られた。

オセイラ修道院の建物で最も特徴的なのは、「ヤシの間」として知られる参事会室だ。15世紀の末に造られた部屋で、中央に立つ4本の柱が独創的なヴォールトを支えている。また、この修道院には回廊が3つあることも特筆に値する。門番の回廊、行列の回廊、ピナクルの回廊である。行列の回廊の特徴は、アーチに置かれた、歴史上の人物の顔を表すいくつもの像だ。以前は修道士の食堂だった場所には石の博物館があり、石碑、柱頭、柱、装飾など、修復のさいに得られた石造物やその断片、発掘された考古学的遺物が展示されている。

修道院の生活

オセイラ修道院にはアルベルゲ（巡礼宿）があり、予約なしで宿泊できる。また、修道院の宿泊所もあり、事前に予約をすれば、わずかな寄付で修道士と生活を共にできる。さらに、事前に電話で申し込めば、午前と午後に構内の見どころを団体で見学できる。

「ヤシの間」として知られるゴシック マヌエル様式の参事会室は、15世紀末に造られた

サンタ マリア ラ レアル デ オセイラ修道院

タコのガリシア風

Pulpo a feira del monasterio
プルポ ア フェイラ デル モナステリオ

材料

— タコ（大）　　　　　1杯（3kgほど）
— チリペッパー　　　　100g
— 粗塩　　　　　　　　100g
— オリーブ油　　　　　250mℓ
— ジャガイモ　　　　　500g

調理法

- 大鍋に水をはって沸騰させる（修道士たちは銅鍋を用いていた）。沸騰し始めたらタコを入れ、柔らかくなるまで、たいていは20〜30分、ゆでる。別の鍋で皮のままのジャガイモを塩水でゆでる。
- タコの鍋を火からおろし、そのまま5分寝かせる。5分経ったら、皮がむけないように気をつけながら湯から取り出し、無理なく手で触れるようになるまで冷ます。ジャガイモも鍋から出しておく。
- ジャガイモの皮を丁寧にむき、輪切りにする。皿の上に、できれば1枚の板のようになる形で、ジャガイモのスライスを置いていく。
- 大きなキッチンハサミを使って、タコを厚さ2cmほどのスライスに切り、先のジャガイモの上に置いていく。
- 適度に塩味をつけ、全体にチリペッパーをまぶす。食べる時にはオリーブ油をたらす。

豚ロース肉のパイ　*Empanada de raxo*
エンパナーダ デ ラショ

材料
〈生地〉
— 水　　　　　　　　　　　　　200mℓ
— エキストラバージンオリーブ油　50g
— 生イースト　　　　　　　　　25g
— 小麦粉（強力粉がよい）　　　　400g
— 卵　　　　　　　　　　　　　1個
— 塩　　　　　　　　　　　　　小さじ1

〈具材〉
— 「ラショ」（豚ロース肉）　　　　500g
— タマネギ　　　　　　　　　　3個
— 赤ピーマン　　　　　　　　　1個
— ピーマン　　　　　　　　　　1個
— 焼き赤ピーマン　　　　　　　1個
— オリーブ油
— ニンニク　　　　　　　　　　2片
— 白ワイン（アルバリーニョ）　　1/4カップ
— 塩
— 黒コショウ
— イタリアンパセリ

調理法
- まず生地をつくる。ボウルに水、オリーブ油、塩を入れ、電子レンジで少し温める。イーストと溶き卵を加えて、イーストが溶けるまでよくかき混ぜる。大きなボウルに小麦粉を入れ、山型にしててっぺんをくぼませ火山のようにして、その穴に先のイーストを溶かしたものを少しずつ入れていく。かき混ぜて生地をつくる。
- 調理台に小麦粉を打ち、先の生地をあけて手でこねて仕上げる。足りなければ小麦粉を足す。時折調理台に打ち付けたりしながら、よくこねて丸くまとめる。きれいなふきんをかけて少なくとも1時間、倍くらいの大きさに膨らむまで寝かせる。
- 生地を寝かせているあいだに具材を準備する。片手鍋にオリーブ油少々を入れ、タマネギ、ニンニク、赤ピーマン、ピーマンをすべてみじん切りにして炒める。よく炒まったら、みじん切りにしたイタリアンパセリとアルバリーニョを入れる。2分ほど火にかけたら、火からおろして冷ます。
- 浅いオーブン皿の底にクッキングペーパーを全体に敷く。生地を半分ずつに分ける。ひとつは伸ばして、オーブン皿にのせる。
- 先の具材のソフリート（野菜の調味料）の油を切り、油はとっておく。具材をオーブン皿の生地にのせて広げる。肉をまずはスライスし、その後細切りにして、具材の上に置いていく。最後に、焼き赤ピーマンの細切りをのせる。塩コショウして、ソフリートを炒めたオリーブ油をたらす。
- もうひとつの生地を薄くのばして、先の具材の上にのせて「エンパナーダ」にふたをする。生地の端は少し残しておき、両側を合わせてしっかりと閉じ、肉汁がこぼれないようにする。真ん中には穴をあけて、「エンパナーダ」が息ができるようにする。好みで、生地の表面を細長くした生地で飾ってもよい。「エンパナーダ」を180度に予熱したオーブンに入れて、30分焼く。表面に焼き色がつき、下も十分に焼き上げること。足りなければ、もう5分焼く。熱いうちでも、冷ましてからでも食べられる。

ガリシア

サンタ マリア デ ベルビス修道院
Convento de Santa María de Belvís

　サンティアゴ デ コンポステーラのベルビス修道院は、近隣のドミニコ会サント ドミンゴ デ ボナバル修道院の修道士たちによって14世紀初頭に創設された。ドミニコ会がガリシア地方に開設した最初の女子修道院であり、修道院付属の聖堂と、有名なビルヘン デル ポルタルをまつる小聖堂のふたつの聖堂をもつ点が特徴的である。

　近くには、サンティアゴ デ コンポステーラにあるもうひとつの主要な宗教施設、巡礼者のためのアル修道院と隣接する巨大な緑の谷のようなベルビス公園が、ベルビス修道院とセミナリオ メノールの壮大な建物群をサンティアゴの歴史地区から隔て、同時に結びつける。この公園はまるで、ベルビス中世の街にとって天然の「お濠(ほり)」のようだ。街全体を見渡す高台からは、見事な景観が楽しめる。

　ベルゲを備えたセミナリオ メノールがある。ベルビス修道院は、18世紀のはじめに再建された。簡素なファサードには、建設を支援したモンロイ大司教の紋章があり、修道院の聖堂とビルヘン デル ポルタル小聖堂とを直角につなぐ形で塔が立つ。

修道院の聖堂

　厳格な禁域制の修道院であるため、聖堂を訪れることができるのは礼拝の時間帯のみ、それ以外は修

ベルビス修道院は歴史地区から少し離れた高台に位置し、そこへはベルビス公園を横切るトロンパス通りが1本通じている。一種の天然のお濠が、歴史地区とのあいだを隔てる

道女が個人的に祈りを捧げる時間となっている。この聖堂は18世紀の前半に建造された。建築家はサンティアゴ デ コンポステーラ大聖堂の正面ファサード（オブラドイロのファサード）を手がけたフェルナンド・デ・カサス・イ・ノボアだが、ベルビス修道院の聖堂はじつに素朴で簡素だ。見どころは聖体拝領台（修道女たちが聖体を拝領する窓）のあるファサードであり、ノボアはそこに植物と幾何学模様の独特な装飾を用いた。

ビルヘン デル ポルタル小聖堂

この簡素な小聖堂の主役は、13世紀につくられたゴシック様式のマリア像ビルヘン デル ポルタルである。そばには、村人と思われるふたつの小さな像も並んでいる。マリア像をまつるニッチの上には、ドミニコ会を創始した聖ドミンゴ・デ・グスマンの像、左側には聖ヤコブ、右側にはエスコバの名で知られるドミニコ会修道士、聖マルティン・デ・ポレスの像がある。

奇跡をもたらす像

サンティアゴ デ コンポステーラには、ビルヘン デル ポルタル信仰が深く根付いている。ビルヘン デル ポルタルという名は、14世紀、この修道院の建設中に出現したマリア像に由来する。その像は当初、

ベルビス修道院には有名なマリア像が2体ある。13世紀につくられたビルヘン デル ポルタルは伝説を生んだ。右の写真にあるビルヘン デル ロサリオ（ロザリオの聖母）は、ホセ・ガンビーノによる17世紀の作品

奇跡を起こす聖母

あらゆる病の治癒、さらに試験の合格を願い、人々はビルヘン デル ポルタルに祈りを捧げる。9月8日の祝日には多くの人々がこの聖地を詣でる。膝をつき、あるいは裸足で祈る者もいれば、庇護を求めてロウソクを捧げる者、病人にかける聖母マリアの庇護マントや礼拝堂の聖水を求める者もいる。

聖堂内にはいくつもの美しい像があるが、なかでも際立つのが、この聖ペドロ・デ・アルブエス像だ。サンティアゴ デ コンポステーラ派に属する、バロック期の偉大な彫刻家ホセ・ガンビーノの作品

門衛所（ポルテリア）に置かれていた。17世紀に修道女たちは何度か聖堂に移そうとするが、不思議なことに、像はなぜか門衛所に戻ってしまう。そこで、門衛所に聖堂を建てることになった。するとマリア像は奇跡を起こしはじめ、ガリシアじゅうに評判が伝わった。じつはマリア像は2体存在する。ひとつはオリジナルの石像で、小聖堂のニッチにまつられ、人々はいつでも訪れて見ることができる。もう一方の複製した像は大きいほうの聖堂にあり、修道女たちが毎日祈りを捧げる。

サンティアゴのドミニカ会

ベルビス修道院では、現在27人の修道女が暮らしている。日々の労働として、果樹園の世話やコーラスの練習といった院内の仕事をこなすかたわら、教会や個人から請け負う刺繍や、市内のミサで用いるホスチアづくりもしている。また、注文を受けてアーモンドタルトをつくり、クリスマスの時期にはビルベスのアーモンドクッキーや紅茶のパイ（植物性の粉を使い、塩を入れない）もつくり、トルノを通じて販売している。毎月の最終日曜日と、年のうちで精神修養を行う連続8日間は注文を受け付けない。

サンタ マリア デ ベルビス修道院

ベルビスのクッキー

Pastas de Belvis
パスタス デ ベルビス

材料　1kg 分
- 薄力粉　　　　　　　　　500g
- バタークリーム　　　　　350g
- 粉砂糖　　　　　　　　　100g
- 卵黄　　　　　　　　　　1 個
- 卵白（つやだし用）

〈飾り〉
- 溶かしたチョコレート
- ドライフルーツ
- ドレーンチェリー（砂糖漬け）
- クルミ、ナッツ類

調理法
- ボウルで、バタークリームと粉砂糖、卵黄を混ぜる。
- 小麦粉を加え、最初はへらで、あとからは手で、こねすぎないようにして混ぜる（材料全体が混ざればよい）。
- 生地を冷蔵庫に入れて少なくとも 1 時間寝かせる（あとで簡単に伸ばせるように、ラップに包んで平らにしておく）。
- 調理台に小麦粉を打って生地を置き、麺棒で厚さが 1cm ほどになるように生地を伸ばす。さまざまな形のクッキー型で生地を抜く。
- 抜いた生地を天板に置いて、丸のままや刻んだりしたアーモンドやクルミ、ヘーゼルナッツなどで飾る。いくつかはドレーンチェリーでも飾る。泡立てた卵白をそれぞれに塗る。
- オーブンを 175 度にして、上火、下火で 10〜15 分焼く（焼き色がつき始めるまで）。オーブンから取り出して、バットにのせて冷ます。クッキーが冷めたら、溶かしたチョコをかけたり、クリームでアイシングしたり、粉砂糖を振ったりする。

ベルビスのアーモンドクッキー

Almendrados de Belvis
アルメンドラードス デ ベルビス

材料
— 生アーモンドパウダー　500g
— 砂糖　500g
— 卵（中）　3個
— レモン（すりおろし）　1/2個分
— 粉砂糖

調理法
- オーブンを180度の菓子焼きモード（上火と下火で全体に）で180度に予熱する。
- ボウルに、砂糖、アーモンド、レモンの皮半個分のすりおろしを入れ、全部をよくかき混ぜる。
- 卵の黄身と白身を丁寧に分け、卵白を9分立てに泡立てる。
- 泡立てた卵白と卵黄を真重に混ぜ、アーモンドのボウルに入れて、全部を丁寧にかき混ぜる。
生地が固すぎるようなら、卵をもうひとつ加える。
- 天板にクッキングペーパーを敷き、絞り袋に入れた生地でドーナツのような小さな輪をつくっていく。
- 生地を焦がさないように、焼き色がつくまでオーブンで焼く。
- 冷めてから、シュガーストレーナーで粉砂糖をふるう。

調理のコツ
　卵の黄身と白身を手早く簡単に分けるのに、ミネラルウォーターのペットボトルを使う方法がある。皿に卵を割入れて、少しへこませたペットボトルの口を黄身の真ん中に近づける。ボトルを押しつぶしている力を少しずつ弱めていくと、黄身がペットボトルに吸い込まれる。落とさないように注意して別の皿の方に移し、へこませていたボトルの力を抜いて卵を落とす。

ガリシア

サン フリアン デ サモス修道院
Monasterio de San Julián de Samos

立地と歴史

　サン フリアン デ サモス修道院は、ルーゴ県サモスにある。県都ルーゴから 43 キロ、サリアから 12 キロ、ペドラフィータ ド セブレイロから 34 キロ、モンフォルテ デ レモスから 43 キロの場所だ。6 世紀ごろ、聖マルティン・デ・ドゥミオに率いられて最初の修道士たちがサモスに定住し、この修道院を創設した。当初はサン フルクトゥオソやサン イシドロといったスペインの教会の会則に従っていたが、10 世紀になると、聖ベネディクトゥス修道会の会則に則った修道生活を送るようになる。王族や貴族からの度重なる寄付は、彼らの信奉の証であり、この修道院がサモスの内外に社会的・信仰的影響力を与えていたことを物語る。その名声と、カミーノ デ サンティアゴ (聖ヤコブの道) 沿いに位置する好立地から、サモス修道院は聖ヤコブを信仰する巡礼者が必ず立ち寄る休憩地となった。

　サモス修道院は、王族、貴族、司教、そして芸術家たちを迎え入れた。一方で、スペインの歴史や文化に名を残す人々を世に送り出した。最も有名なのは、文筆家ベニート・ヘロニモ・フェイホー神父と 8 人の司教である。

　19 世紀は、この静かな谷に騒乱と動揺をもたらした。フランス軍の侵攻による戦時中、サモス修道院は病院となり、一度に 800 人を超える怪我人を受け入れた。その後、メンディサバルの永代所有財産解放令が発令されると、修道士は千年にわたる住居を明け渡す。1880 年にふたたび修道士が戻り、この貴重な建物の壁を修復し、現在に至る修道生活を再開した。1950 年代の大火事で建物の大半が破壊されるが、すぐに修復が行われた。創設者の生涯が描かれたやや怪し気なセンスの壁が通路を飾るようになったのは、その時期である。陶磁器の像から典礼用の装飾品、銀の箱に収められて聖具保管室に保管されている聖ベネディクトゥスの大腿骨といった聖遺物まで、破壊をまぬがれた財宝が修道院内のいくつもの部屋に分散している。

図書室と古文書館

　サモス修道院の図書館は、以前はガリシア地方で最も重要な図書館のひとつだったが、まずメンディサバルの永代所有財産解放令によって、続いて 1951 年の火災によって、文字通り壊滅する。それでも、文化遺産を守ろうとする修道会の努力が実り、ほんの一部ではあるが、見事な蔵書が復元された。その一例が 17 世紀の聖歌集であり、サモスの修道士であったアントニオ・サンチェス神父の作品もひとつ含まれ

カミーノ デ サンティアゴの途中に位置するサン フリアン デ サモス修道院は、10 世紀にわたってアルベルゲを運営し、巡礼者たちの信仰心を導いてきた

復元された修道院内の薬局で、昔の調剤書を読むホセ・ルイス・ベレス修道院長。薬局は見学ができる

サンティアゴの記念品まで、さまざまな商品が売られている。

る。貴重な蔵書には、168巻からなるギリシャ語の病理学書、222巻からなるラテン語の病理学書のほか、多岐にわたる現代の作品が含まれる。古文書館には、12冊のインキュナブラや、13世紀に「聖王」フェルナンド3世がしたためた羊皮紙、1303年にフェルナンド4世によって授与された勅許状など、サモス修道院にとって非常に重要な写本が保管されている。

現在のサモス修道院

現在、サモス修道院の厚い壁の内側では15人のベネディクト会修道士が暮らし、スエビ王国の時代にさかのぼる原初の修道生活をつづけている。聖ベネディクトゥスが提唱した「祈り、そして働け」という昔のモットーを今なお守り、新たな指針のもと、修道院長ホセ・ルイス・ベレス神父に従い、祈祷、勉学、伝道活動のほか、世俗的な労働として、ガソリンスタンド、アルベルゲ、精神修養のための宿泊所、土産物店を運営している。土産物店では、修道院のシルエットがプリントされたキーホルダーから素焼きの聖ベネディクトゥス像、カミーノ デ

リコール パクス

リコール パクスは、1940〜50年代にはすでにスペイン国内で知られていたリキュールの銘柄であり、当初はアルコール度数が42度もあった。修道士は、製造のみならず、1本1本の瓶に封蝋をしてラベルを貼る作業まで請け負っていた。40種類近い植物から抽出したエキスやドライフルーツが含まれるこのリキュールは、サモスの修道士のみが知る秘伝のレシピによって製造される。売上減やサモスに定着する修道士の減少、アルコール税の増税などの要因が重なって、1996年にリコール パクスの製造は中止されるが、セブレイロ チーズ、お菓子、マーマレード、ほかの種類のリキュールの製造を見込んだ複合的なプロジェクトの一環として、2013年に製造が再開された。

ムール貝のスープ

Sopa de mejillones
ソパ デ メヒジョーネス

材料

― ムール貝	6 ダース
― チャイブまたは小タマネギ	6 個
― イタリアンパセリ	1 束
― ローリエ	2 枚
― ニンジン（小）	2 本
― 辛口白ワイン	1 カップ
― タピオカ	50g
― 水	1.5ℓ
― 魚の固形ブイヨン	1 個
― バター	大さじ 3
― 塩、コショウ	

調理法

● ムール貝を下処理して、蒸して口を開かせる。身のついてない殻は取り除いて、ゆで汁は濾してとっておく。

● キャセロール（両手鍋）を火にかけて、バター大さじ3を溶かす。この鍋でみじん切りにしたチャイブまたは小タマネギとニンジンを炒めて、タマネギが透き通ったら、みじん切りのイタリアンパセリを加え、さらに2分ほど炒める。

● 水、砕いた固形ブイヨン、ローリエ2枚、ムール貝のゆで汁、ワインと、好みで塩コショウを加える。

● 沸騰し始めたらタピオカを加えて、スープが濃くなるまでかき混ぜる。良い濃さになったらムール貝を加える。さらに5分火にかけ、熱いうちに盛り付ける。

ニンニクと魚のスープ

Sopa de ajo y pescado
ソパ デ アホ イ ペスカード

材料

― メルルーサの頭	3 つ	― ニンニク	4 片
― シバエビ	150g	― スライスしたパン	250g
― アサリ	150g	― オリーブ油	100mℓ
― タマネギ	1 個	― サフラン	4 本
― ニンジン	2 本	― 水	2ℓ
― トマト	2 個	― 塩	

調理法

● 魚を洗い、水を張った鍋にエビ、アサリと一緒に入れる。小さく切ったニンジン、半分に切ったタマネギ、洗ったトマトまるごと1個を加える。

● 沸騰し始めたら泡をすくって、少しあぶっておいたサフランを加える。弱火で10分火にかける。10分経ったら、魚、エビ、アサリを取り出して、骨、殻、貝殻を取り除く。スープをこす。

● カスエラ鍋にオリーブ油を入れて、ニンニクとパン、皮をむいて細かく切ったトマトを炒める。このスープ、さらに魚、エビの身、アサリの身を入れる。さらに10分火にかける。熱いうちに盛り付ける。

ラ リオハ

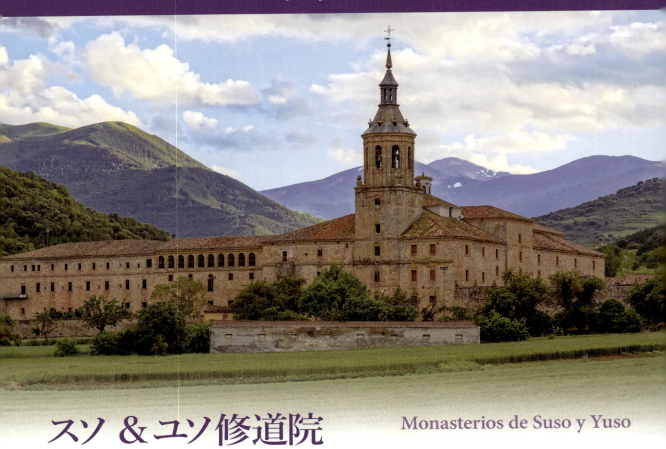

スソ＆ユソ修道院
Monasterios de Suso y Yuso

立地と歴史

　スソ修道院とユソ修道院は、ラ リオハ州のサン ミリャン デ ラ コゴリャ村にある。カルデナス川の左岸、サン ミリャン渓谷の真ん中に位置し、ふたつの修道院はほんの数百メートルしか離れていない。古いほうのスソ修道院は、550年ごろに聖エミリアヌス（聖ミリャン）によって創設された。西ゴート様式、モサラベ様式、ロマネスク様式を併せもつが、10世紀のモサラベ様式が最も顕著である。言い伝えによると、回廊にある墓所には、ラ ラ（ララは地名）の7人の王子が埋葬された。また、有名な「Glosas Emilianenses（サン ミリャン修道院の注解）」が書かれ、ゴンサロ・デ・ベルセオが『聖母の奇跡』を著したのも、スソ修道院の塀の中である。一方のユソ修道院は、「ナヘラ王」の異名をもつナバラ王ガルシア・サンチェス3世によって1053年に建立が命じられた。

スソ修道院

　スソ修道院が最初に建てられたのは6世紀だが、11世紀にかけて拡張され、聖堂は西ゴート様式、モサラベ様式、ロマネスク様式が統合された形となった。最も古くからある洞穴には、身元不明の遺体がびっしり重ねて埋葬された墓所が

上の写真は、「下の」ユソ修道院の全体像。右の写真は、ユソ修道院にある美しい聖具保管室

スソ修道院では、スペイン最古のものとされる祭壇（上の写真）や、美しい西ゴート様式、モサラベ様式、ロマネスク様式と出会える

ガルシア・サンチェス3世は、遺物をスソ修道院からナヘラのサンタ マリア ラ レアル修道院へ移すよう命じた。伝説によれば、谷にさしかかると、櫃を運んでいた人々が足を取られて動けなくなった。これが谷を離れたくないという聖エミリアヌスの意思と解釈され、天からの"しるし"に触れたガルシア王は、その地にもうひとつ修道院を建てるよう命じる。これがユソ修道院であり、「上の」スソ修道院に対し、こちらは「下の」修道院と呼ばれる。1067年9月26日に新聖堂が完成し、医療施設に15年間保管されていた聖遺物が移された。

現在のスソ修道院とユソ修道院

いずれも、ラ リオハ州の近くに行ったならばぜひとも訪れたい場所である。スソはスペイン最古の修道院のひとつであり、西ゴート様式、モサラベ様式、ロマネスク様式の要素が見られる。一方のユソは、文化遺産や建築物を数多く保存され、その点では14世紀以上存続した建物に匹敵する。ユソ修道院には、当初のロマネスク様式のものはいっさい残っていないが、ルネサンス様式やバロック様式の豪華な建物を観賞できる。見どころは、王家の間、ふたつの回廊、フアン・デ・リッシによる8枚の絵が飾られた壮麗なレタブロをもつ大聖堂、そして天井を飾るフレスコ画が驚くほど色鮮やかな聖具保管室である。

ある。聖人の墓の近くに埋葬されているからには、名の知れた人々だったに違いない。6世紀、聖エミリアヌスはこの洞穴で、四旬節（灰の水曜日から復活祭までの、日曜を除く40日間）の贖罪苦行（断食）を行っていた。

923年、パンプローナ王国（のちのナバラ王国）のサンチョ・ガルセス1世がナヘラを征服したのち、スソ修道院は復活し、モサラベ（イスラム支配下のキリスト教徒）の修道士が住むようになった。聖堂の入口に面したモサラベ様式の蹄鉄形アーチには、西ゴート様式のコリント式柱頭がふたつある。ふたつの礼拝堂も10世紀のモサラベ様式で、四角い形で内部が対をなしている。

中央にある洞穴は昔の祈祷室で、1030年まで聖エミリアヌスが埋葬されていた。その年、「大王」サンチョ3世とその妻ムニアドナは、パンプローナ、オカ、アルバ、ウエスカの各司教の協力を得て、厳かに聖遺物の発掘を行った。遺骸が埋葬されていた場所には、13世紀に現在の記念碑（遺骸は納められていない墓碑）が建てられた。西ゴート式の法衣をまとい横たわる聖エミリアヌスの姿をかたどった碑は、後期ロマネスクないし初期ゴシック様式に当たるだろう。

ユソ修道院

スソ修道院、とりわけ聖エミリアヌスの墓所は、この地方である程度の名声を得ていた。聖遺物を身近に置きたいと願った「ナヘラ王」

アーティチョークのハムエッグ

Alcachofas con magras
アルカチョファス コン マグラス

材料
- ゆでたアーティチョーク　　8個
- 生卵　　4個
- 生ハムスライス　　8枚
- ニンニク　　2片
- 小麦粉　　大さじ1
- オリーブ油
- 塩

調理法
- アーティチョークを洗う前に、鍋にたっぷりと水を入れて、レモン汁を加える。これにむいたアーティチョークを入れていけば黒ずまない。アーティチョークを洗い、へたをとり、外側の葉をクリーム色の部分が出てくるまでむく。上の部分をまっすぐに切る。
- カスエラ鍋に水を入れて小麦粉大さじ1を溶き、塩とオリーブ油を少々入れて火にかける。沸騰したら、アーティチョークを入れて中火で20分ゆでる。ゆであがったら、縦半分に切る。
- フライパンにオリーブ油をひいて、ニンニクを炒める。アーティチョークを加えて炒め、上から卵を割入れ、生ハムのスライスを加えて、卵が固まるまで待つ。熱いうちに盛り付ける。
- より華やかな盛り付けにしたい時は、アーティチョークを縦に切ったら、中に生ハムのみじん切りを詰め、それぞれに卵を割り入れる。天板にのせてオーブンを中火にし、卵が固まるまで焼く。

修道士の耳たぶ 揚げ菓子

Orejas de fraile
オレハス デ フライレ

材料
- 小麦粉　　500g
- 卵　　4個
- 砂糖　　100g
- バター　　50g
- 蒸留酒*1　　1/2カップ
- オレンジ果汁　　1/2個分
- 蜂蜜または粉砂糖
- オリーブ油（揚げ用）

*1　スペインでは、ブドウを絞った後の粕からつくるオルホや、シェリー酒の蒸留酒などが一般的

調理法
- 小麦粉で、てっぺんにくぼみをつけた火山型の山をつくり、真ん中の穴に卵、蒸留酒、オレンジ果汁、砂糖、バターを入れる。かき混ぜて、手にくっつかない程度の生地にできあがるまでこねる。ふきんに包んで15分寝かせる。
- 調理台に小麦粉をふり、同じく小麦粉をふった麺棒で生地を広げて薄くのばす。薄くできたら、8cmほどの幅に切り、三角形になるように切っていく。大体均等な三角形ができるように、10cmごとに印をつけていき、反対側は5cm上にして印をつけていく。あるいは、正方形や長方形に切って端を折ってもよい。
- 調理台から丁寧にはがして、十分熱したオリーブ油で揚げる。焼き色がついたら、スキンマーですくい、キッチンペーパーにのせて油を切る。蜂蜜か粉砂糖をかける。熱いままでも冷めても食べられる。

ラ リオハ

バルバネラ修道院
Monasterio de Valvanera

立地と歴史

バルバネラ修道院は、標高1026メートルのデマンダ山脈の真ん中にある。そこはアンギアノから14キロ、ログローニョから約50キロの場所である。バルバネラという名前は、ラテン語の「Vallis Venaria」に由来する。これを「Valle de las venas de agua（水脈の谷）」ととらえ、その地にあった豊かな湧き水、小川、滝を意味すると解釈する説もあれば、「Venus（ヴィーナス）」ととらえ、一部の地域で行われていた女神信仰と結びつける説もある。この場所に礼拝堂が建てられたきっかけは、9世紀における、ある聖母マリア像の

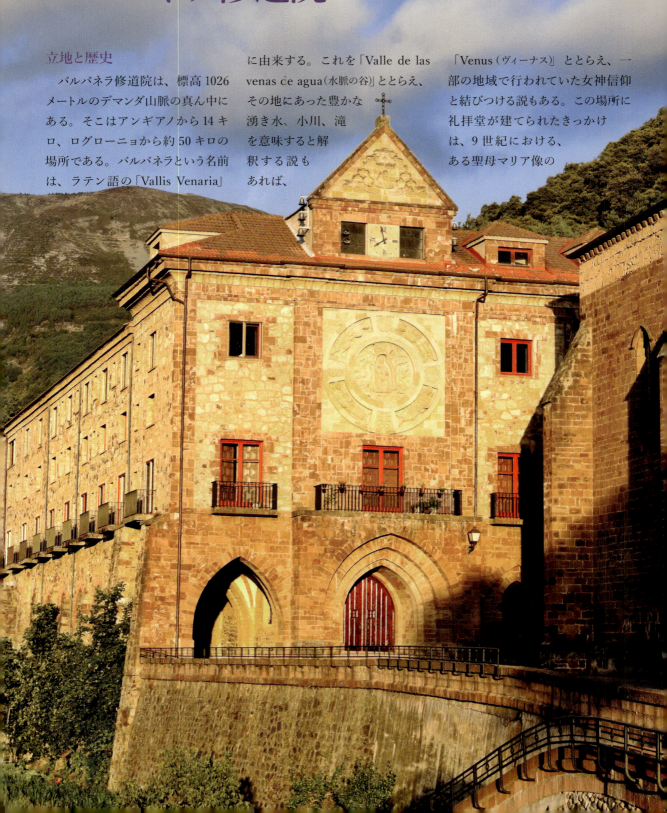

発見だった。像を発見したのは、ヌニョ・オニェスという改悛した泥棒。バルバネラの修道院長ロドリゴ・デ・カストロビエホが1419年に著した『Historia Latina（ローマカトリックの歴史）』にその逸話が記されている。

発見されたマリア像のまわりに隠者が建てた修道院は、10世紀にベネディクト会修道士に道をあける。当初は西ゴート様式だった聖堂は前ロマネスク様式となり、1073年に聖別された。1183年にはロマネスク様式の聖堂が聖別されたが、現存するのは塔のみ。現在の聖堂は14世紀の終わりに建てられた後期ゴシック様式のものである。十字形の身廊がひとつしかないこの聖堂にラ リオハの守護聖女バルバネラのマリア像がまつられている。

バルバネラ修道院の建物は、ナポレオン戦争で甚大な被害を受けたまま放置されていたが、トリビオ・ミゲーリャとティブルシオ・ラナスというふたりの執念により、かつての豪華さを取り戻した。ミゲーリャは聖アウグスティノ会の修道士であり、宣教師としてフィリピンへ赴いていた（彼の著者タガコグ語の文法書は、今でも通用する）。彼はのちにユソ修道院からフィリピンへ派遣される宣教師の学校の学長となった。後者のラナスはスソ修道院の隠者であり、バルバネラ修道院を再建するための膨大な作業にたったひとりで着手した。その後、ミゲーリャが加わり、さらに有志のグループが参加した。そのおかげで、建物の修復にとどまらず、1883年10月29日にはふたたびベネディクト修道会が入居する。トリビオ・ミゲーリャは一生涯バルバラ修道院と関わりをもちつづけ、晩年は『バルバネラの歴史』

ラ リオハの守護聖女、バルバネラの聖母マリア像。初期ロマネスク様式のこの木彫り像は、11世紀末から12世紀初頭にかけてつくられたと思われる

を著した。バルバネラ修道院がたどった変遷をまとめた本である。

ラ リオハの守護聖女

聖堂主祭壇のニッチにはバルバネラのマリア像がまつられ、横手から近づくことができる。祭壇上部には全能のキリスト像、下方には聖ペトロ、聖パウロ、聖ベネディクトゥス、聖アタナシオの像がある。作者も制作時期も不明だが、像の特徴からビザンティン ロマネスク様式だと思われる。伝説では、バルバネラの聖母マリアは聖パウロの弟子である聖オネシモと聖ヘロテオによって東方からカメロス山へ運ばれ、彼らがその場所にささやかな礼拝堂を建てたといわれている。西ゴート時代、像は他の聖遺物とともに横洞（木のウロ）に隠された。すると不思議なことに樹洞は閉じられた。そして9世紀、聖母が人の罪の犠牲になるという祈りの言葉を聞いた泥棒ヌニョ・オニェスが、罪を悔い、生きかたを変える力となってくださいと聖母マリアに祈ったところ、祈りが届き、ひとりの天使があらわれた。天使は、バルバネラへ行ってひときわ目立つオークの木を探すようオニェスに告げた。その木の根元からは泉が湧き、そこに種々の品とともにマリア像があった。

修道院の生活

バルバネラ修道院には、創設当初からベネディクト修道会が居住している。それが途絶えたのは、フランス軍の侵攻後と永代所有財産解放令が発令された後の短い期間だけである。現在、修道士は祈祷や、50人を収容できる宿泊所の管理のほか、おいしいハーブのリキュールづくりも行っている。地域の名物にもなっているこのリキュールにはハーブやスパイスが12種類含まれ、蒸留して得られる原液はアルコール度が63度だが、それを36度まで薄める。

鱒のバルバネラ風
Truchas de Valvanera
トゥルーチャス デ バルバネラ

材料

- 鱒　　　　　　　　　　　　4匹
- 甘タマネギ（中）*1　　　　1個
- ニンニク　　　　　　　　　2片
- 小麦粉　　　　　　　　　大さじ1
- 生ハム　　　　　　　　　125g
- スモークベーコン　　　　125g
- 魚のスープストック　　　1カップ
- 白ワイン　　　　　　　　1/2カップ
- オリーブ油（揚げ焼き用）
- 塩

＊1　刺激性と催涙成分である硫化アリルとピルビン酸が少なく、辛味が少なくとても甘く感じる種類のタマネギ。南欧で普及している。

調理法

- オリーブ油をひいたフライパンでみじん切りにしたタマネギとニンニクを炒める。小麦粉小さじ1、刻んだ生ハムとベーコンを加えて炒める。スープストックと白ワインを加えて10分ほど煮立たせる。火からおろして、細かくすりつぶす。このソースを室温に冷ましておく。
- 鱒を、皮を焦がさずに焼き色がつく程度にオリーブ油で焼く。背骨を取って、軽くとろみのついた先のソースをからめて盛り付ける。生ハムを数枚丸めて添える。

バルバネラ風 クアハーダ（凝乳）

Cuajada de Valvanera
クアハーダ デ バルバネラ

材料 〈6〜8個分〉
— 羊乳　　　　　　　　　1ℓ
— 砂糖　　　　　　　　　小さじ1
— レンネット（凝乳剤）　　数滴
— 陶製の容器

調理法
- 羊乳を片手鍋に入れ、砂糖小さじ1を加え、かき混ぜながら沸騰させる。沸騰したら火からおろし、少し冷まして瓶に移す。体温（37度）になるまで待つ。クッキング温度計が無ければ、指を入れて、熱すぎも冷たすぎもしないことを確かめる。
- 容器ひとつひとつにレンネット（凝乳剤）を3滴入れ、その上から乳を分け入れる。容器を動かさず、固まるのを待つ。レンネットはスーパーマーケットの乳製品コーナーや、薬局で手に入る（日本ではスーパーよりも「レンネット」「モッツァレラチーズ キット」の一部として通販で入手可）。
- 乳が固まったら、冷蔵庫に入れて冷やす。蜂蜜を少しかけたり、砂糖やシナモンパウダーを振ったりしていただく。ミントの葉を飾ってもよい。
- この「クアハーダ」から、カッテージチーズを簡単につくることができる。容器にざるをのせて目の細かいきれいなふきんをひく。細かくした「クアハーダ」（上記のとおりにつくったもの）をふきんの上から注ぎ、水気をすべて切る。一晩置くくらいがよい。水気がまだ残っているようならふきんをよく絞る。ふきんの中に残ったものを集めれば、それがカッテージチーズだ。

ご存じですか？

かつては、凝乳剤は授乳期の仔山羊の胃から得ていた。仔山羊が乳を飲み終わった直後、胃がいっぱいになった所で、囲いから出て他の食べ物を口にしないうちに畜殺していた。第4胃の端をエスパルト（アフリカハネガヤ）のひもで結んで台所などにつるし、完全に乾いたところで、乳の上で胃壁をこすって使った。

ラ リオハ

サンタ マリア ラ レアル修道院
Monasterio de Santa María la Real

激動の歴史

ラ リオハ州ナヘラにあるサンタ マリア ラ レアル修道院は、サンティアゴ デ コンポステーラへ続く巡礼路カミーノ フランセス沿いの主要な中継地のひとつである。「ナヘラ王」ガルシア・サンチェス3世の命により、聖母マリアの聖堂、修道院、そして王家の霊廟として1032年に建てられた。当初のロマネスク様式の建物は、ほとんど現存していない。1079年、カスティーリャ王アルフォンソ6世に修道院を委ねられたクリュニー修道会は、15世紀の終盤までここに住みつづける。1422年、ロマネスク様式の聖堂に代わる新聖堂の建設が始まり、1453年にようやく作業が終わる。1486年にはクリュニー修道会から独立し、その一方で一連の大規模な改修が開始され、1493年に高い聖歌隊席が設置され、1513年に食堂、1517年には騎士の回廊が完成する。

1513年、サンタ マリア ラ レアル修道院はバリャドリッドのベネディクト修道会に加わった。

1520年、ナヘラはカルロス1世の王権に対する反乱に加わった。敗北すると、王の軍隊による略奪にさらされ、修道院と聖堂にも甚大な被害が及んだ。1621〜1625年にかけて聖堂のファサードが建設され、その世紀の終わりには、バロック様式の大きなレタブロが設置される。19世紀は、ナヘラのサンタ マリア ラ レアル修道院の建物にとって受難の時代となる。19世紀初頭に起きたスペイン独立戦争の時期に、新たな略奪に見舞われたのだ。今回はフランス軍とゲリラ兵士による略奪だった。

1835年、メンディサバルの永代所有財産解放令によって修道士が追放され、放棄された修道院は多大な損傷を受ける。その後、修道院の建物は倉庫、学校、兵舎として使われ、聖堂は1845〜1885年まで教区教会となった。1889年、サンタ マリア ラ レアル修道院の建物全体が国の歴史・芸術記念物に指定され、数年後の1895年にはフランシスコ修道会の修道士がやってきて

修道士専用のエリアを除き、午前と午後の営業時間内に建物を見学できる。月曜日は休み

聖歌隊席は、スペインの聖堂建築のなかでも最も良い状態で保存されている

修復作業に着手する。1909には国が修復の支援を開始、1959年にはサンタ マリア ラ レアル財団が設立された。メンバーは、ナバラ州、バスク州ギプスコア県、ビスカヤ県、アラバ県、ラ リオハ州ログローニョ市、ナヘラ市それぞれの議会とフランシスコ修道会。1982年からは、ナバラ州政府とラ リオハ政府も加わった。

建築様式

1516年に建てられた現在の聖堂は、3つの身廊とクロッシングで構成される。聖母が出現したという伝説がある原初の洞穴が、身廊の下手にある。聖堂の主役は、14世紀初頭につくられたバラの聖母像。もうひとつ目を引くのが、クワイヤに隣接した美しい回廊だ。「騎士の回廊」の名で知られるこの回廊もまた、ラ リオハ州における貴重な建築物のひとつである。ラ リオハの多くの貴族が、自分の亡骸を預ける場所としてここを選んだことから、この呼び名がついた。回廊は、豪華な狭間飾りがついた多くの連続アーチに彩られている。この回廊が完成したのは、1528年のことである。

ほかにも興味深い要素がある。ひとつは聖堂への入口の扉。16世紀のプラテレスコ彫刻の傑作で、幻想的な動植物をモチーフにしたメダイヨンが彫られている。もうひとつは、ポルトガル王サンシュ2世に嫁ぎ王妃となったメンシア・ロペス・デ・アロが眠る礼拝堂だ。王の死後、メンシアはナヘラに戻り、1272年に亡くなるまでそこに住んだ。13世紀の石棺には、ポルトガンとロペス・デ・アロ家の紋章が彫られている。広い礼拝堂には、17世紀の終わりにつくられたバロック様式のレタブロがあり、その中央には、左ひざに幼子イエスをのせたロマネスク様式の聖母像サンタ マリア ラ レアルが置かれている。

ナバラ王家の霊廟

聖堂の下手に王家の霊廟があり、「ナヘラ王」ガルシア・サンチェス3世、「高貴王」サンチョ・ガルセス4世、「アバルカ（サンダル）」の異名をもつサンチョ2世、レオン王ベルムード3世、ナバラ王国の「賢王」サンチョ6世など、30に及ぶカスティーリャやナバラ王族の墓がある。そのなかで最も貴重なのは、ブランカ・デ・ナバラが眠るロマネスク様式の墓だ。ロマネスク彫刻の石棺の傑作であり、長方形のプランに山型の屋根がかかり、側面には彫刻がほどこされているが、残念ながら正面の装飾は失われている。

サンタ マリア ラ レアル修道院

仔羊のシチュー

Guiso de cordero
ギソ デ コルデーロ

材料

— 仔羊肉　　　　　　　　　1kg
— ジャガイモ　　　　　　　1kg
— タマネギ　　　　　　　　1個
— 赤ピーマン　　　　　　　1個
— ピーマン　　　　　　　1/2個
— ニンニク　　　　　　　　2片
— チョリセロ（干しパプリカ）
　　　　　　　　　　　　小さじ2
— つぶしたトマト　　　　大さじ2
— 白ワイン　　　　　　　100mℓ
— ローリエ　　　　　　　　2枚
— ローズマリー　　　　　　1房
— オリーブ油
— 塩

調理法

● 仔羊肉を大きすぎないように切り分けて塩を振る。オリーブ油大さじ2（仔羊肉自体から脂が出てくるので、少なくてよい）を入れたカスエラ鍋で、中‐強火で表面を焼き、肉汁と旨みを閉じ込める。焼き色がついたら、鍋から取り出しておく。

● 火を弱め、同じ鍋で適度な大きさに切った野菜（タマネギ、ピーマン、ニンニク）を炒める。肉を戻し、砕いたトマト、チョリセロ（干しパプリカ）の果肉、白ワインを加える。そのまま数分火にかけておく。

● 続いて細かくした（スペイン語で"escachar"という動詞）ジャガイモを加え、さらに5分火にかける。

● 水、塩、ハーブ類を入れ、肉と野菜が柔らかくなるまで煮込む（肉は、最初にを焼いた時にある程度は火が通っている。野菜は調理時間は肉ほどかからない）。塩で味つけし、少なくとも1時間は寝かせておく。

調理のコツ

料理用語で"escachar（エスカチャール――ばらばらに壊す）"というと、かたまり――たいていは根菜類を、最後に不規則な形になるように（力任せに砕いて）することだ。こうするとでこぼこな表面に味が浸み込みやすく、また汁のなかでデンプンが溶けやすいのでとろみがつく。

ジャガイモの
ラリオハ風

Patatas a la riojana
パタータス ア ラ リオハーナ

材料

- ジャガイモ 1kg
- タマネギ 1個
- 赤ピーマン 1個
- ピーマン 1個
- チョリソ
  （豚肉と香辛料の腸詰）
  （煮込み用） 400g
- ニンニク 1玉
- チョリセロ
  （干しパプリカ） 2個
- ローリエ 1枚
- 白ワイン 200mℓ
- 赤トウガラシ
  （タカノツメ） 1個
- オリーブ油（炒め用）
- イタリアンパセリ
- 塩

調理法

- ジャガイモの皮をむいて洗って切り、細かく「砕いて」汁にとろみがつくようにする。水に浸しておく。
- 鍋にオリーブ油少々をひき、みじん切りにしたタマネギとピーマンを入れる。たまにかき混ぜながら、タマネギによく火が通るまで5分ほど炒める。続いて厚めに切ったチョリソと、ニンニク1玉を丸ごと、ローリエの葉、赤トウガラシ（タカノツメ）を加える。4〜5分しっかり炒める。
- ジャガイモ、白ワインを鍋に入れ、材料すべてがかぶるくらいに水を入れる。ジャガイモが十分柔らかくなるまで火にかけておく（40〜45分）。
- チョリセロをぬるま湯に10分ほど浸けて戻しておく。半分に割って、刃の無い食卓ナイフかスプーンで果肉をこそいで取っておく。
- 鍋の表面に浮かんできた油の層を取り除いて、チョリセロの果肉を加えよくかき混ぜる。さらに5分火にかけて、熱いうちに盛り付ける。

ラ リオハ

カニャス修道院

Abadía de Cañas

起源

　サンタ マリア デ サン サルバドール デ カニャス修道院は、ラ リオハ州カニャスにある聖ベルナルドゥスのシトー会女子大修道院。イベリア半島にできた最初のシトー会女子修道院のひとつである。1170年、スペイン北部ビスカヤの領主ロペ・ディアス・デ・アロ1世とその妻アルドンサ・ルイス・デ・カストロが、アユエラで暮らしていた修道女にカニャスの土地を寄贈したのがはじまりとされている。

　ふたりの創設者の孫娘ウラカ・ディアス・デ・アロは第二の創設者とされ、修道院長として13世紀の建物を建造した。彼女の遺体は腐敗することなく、この大修道院の参事会室にある墓に横たわっている。アロ一族による建設はクロッシングまでできたところでほぼ3世紀のあいだ中断していたが、16世紀

アプスにはオジーブ様式の巨大な大窓があり、空間全体に明るい光が射す。そのため、カニャス修道院は「光の修道院」とも呼ばれている

にトスカーナ大公妃エレオノーラ・ディ・トレドが身廊の建設を継続し、レタブロを据えた。さらに17、18世紀にかけて回廊が完成し、19、20世紀で修道院部分の部屋ができ、現在の様相が整った。

壮麗なゴシック様式

　当初はロマネスク様式および後期ロマネスク様式の建物だったカニャス修道院は、今ではゴシック様式のシトー会建築の代表格であり、20の大窓がある聖堂が特に見事だ。聖堂全体に明るい光が射すことから、カニャス修道院は「光の修道院」の異名をもつ。質素な身廊は、禁欲、簡素、あらゆる過剰な装飾の排除を提唱するシトー会の原則に従って建てられている。注目すべきは3つのアプスで、最も大きい中央のアプスは二層構造になっている。また、16世紀にアンドレス・デ・メルガルとギリェン・デ・オランダによってつくられたルネサンス様式のレタブロも見どころである。

参事会室と回廊

　13世紀後半には修道女たちの集

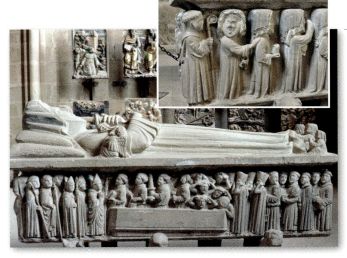

ウラカの墓

カニャス修道院の参事会室には、創設者の孫で修道院長だったウラカ・ディアス・デ・アロが眠るゴシック様式の墓がある。13世紀の終わり〜14世紀初頭に彫られたその石棺は、墓石に横たわる修道院長の姿をかたどったもので、修道院を象徴する装飾がほどこされている。棺の正面（像の足側の面）には、列福されたウラカの魂が幼女の姿となり、ふたりの天使に導かれて昇天する美しい場面が彫られている。一方、棺の側面は、葬列の場面。列はしずしずと進んでいくが、最後尾の修道女はお茶目な表情で、後ろにいる托鉢修道士にいきさつを語っているかに見える。

会場所にあてられていた参事会室は、のちに墓所となった。壮麗な装飾には、シトー会の基準に沿って植物のモチーフが用いられている。聖ベルナルドゥス曰く、人をかたどった装飾は修道者の気を散らし、祈りの妨げとなるからだ。その部屋にウラカ・ディアス・デ・アロの墓がある。

この修道院がたどってきた建築様式の変遷を示すかのように、回廊に面して、ロマネスク様式、ゴシック様式、ムデハル様式を示す12の扉が並んでいる。とりわけ目を引くのは、シトー会式装飾の典型ともいうべき参事会室の扉である。

資料館と売店

カニャス修道院には、おもしろい資料館もある。以前はワイン醸造所と穀物倉庫だった13世紀の広大な部屋に、「シトー会の聖人」、「キリストの幼少期」、「キリストの受難と贖罪」、「聖母マリアと聖人たち」という大きなテーマに沿って所蔵品が展示されている。

現在、修道女は8人おり、聖ベネディクトゥスが提唱した「祈り、そして働け」の言葉どおり、祈りを捧げるかたわら、手彩色の陶器や修道院の菜園でできた植物の種子を使ったロザリオづくり、おいしいお菓子づくりを行っている。修道院は、月曜日を除き午前と午後に見学が可能。ガイドによる案内も行っている。

カニャス修道院の修道女は、見事な手彩色の陶器づくりで有名

ご存じですか？

香草のタイムは、香りがとても良いので、香辛料として古くから使われてきた。この植物の学名 *Thymus* は、ギリシア語で「香りを焚く」に通じている。中世にはタイムを一枝、枕の下に置いておくと、悪夢を追い払ってくれると信じられていた。

ウサギの香草蒸し焼き

Conejo al tomillo
コネホ アル トミージョ

材料

- ウサギ肉（下処理 カット済）　1匹
- タマネギ　1個
- ニンニク　2片
- タイムパウダー　大さじ2
- ローリエ　1枚
- ドライシェリー酒　1/2カップ
- ブランデー　1ショット
- パプリカ粉　小さじ1
- 小麦粉
- シェリービネガー
- 塩
- コショウ

調理法

- ウサギ肉に塩コショウをふり、小麦粉にくぐらせて、オリーブ油をひいたフライパンで焼く。
- キャセロール（両手鍋）に肉を移して香草のタイムを振りかける。
- すり鉢で、ニンニクと塩少々をすりつぶし、先にウサギ肉を焼いたフライパンに入れる。タマネギをみじん切りにして加える。焼き色がつき始めたら、火からおろしパプリカ粉とシェリー酒、ブランデーを加える。火にかけてひと煮立ちさせる。
- そのあいだに、先のすり鉢をシェリービネガー大さじ1と水大さじ1ですすぎ、それをウサギ肉にかける。先のニンニクとタマネギのソフリート（野菜の調味料）を鍋に加えて、水気が足りなければ、材料がかぶるくらいまで水を足す。
- 鍋を火にかけ、ローリエを入れて、中〜強火で肉が柔らかくなるまで煮込む。汁が濃いので、鍋の底にくっつかないように注意する。

修道院風プディング

Flan conventual
フラン コンベントゥアル

材料

- 卵　9個
- 砂糖　大さじ10
- パン粉　大さじ6
- 牛乳　1.5ℓ
- シナモンパウダー　小さじ1

調理法

- プディング型またはキャセロール（両手鍋）に、砂糖大さじ3、水大さじ2を入れて中火にかけ、カラメル状にする。濃い栗色になればよい。火からおろして、火傷しないように注意しながら、カラメルソースを容器の縁から流し入れて分ける。
- ボウルに卵と、残りの砂糖大さじ7、パン粉、シナモンパウダーを入れて泡立てる。
- 口の広いキャセロールに水を入れてオーブンに入れ、熱くなったら、その中にプリン型を入れる。鍋の湯は、プディング型の半分以下になるようにする。はねた蒸気がかからないよう、プディング型にふたをする。かつては、お湯がぐつぐつし過ぎないように卵を入れていた。
- プリン液が完全に固まるまでオーブンに入れておく。真ん中を突き刺してみてきれいに抜けたら、できあがっている。

マドリード

エル エスコリアル修道院

Monasterio de El Escorial

立地と起源

サン ロレンソ デ エル エスコリアル修道院は、宮殿、バシリカ、霊廟、図書館、修道院を合わせた建物である。マドリード州サン ロレンソ デ エル エスコリアルにあるこの修道院は、当時の国王フェリペ2世の命により、1563～1584年にかけて建造された。

この壮麗な建物は、サン カンタンの戦いでフランス軍に勝利した記念に建てられた。戦勝日の1557年8月10日はちょうど、フェリペ2世が昔から信奉していた聖ロレンソの祭日だった。1562年の末には建物の配置が定まり、フランシスコ・デ・モラの指揮のもと、1584年9月13日、王家の霊廟を除く部分の建設作業が正式に完了する。なお、霊廟は11年の建設期間を経て1586年に完成した。王は聖ヒエロニムス修道会に建物の運営を委ねた。スペイン ハプスブルク家の人々はこの修道会を信奉し、フェリペ2世の父カール5世（カルロス1世）はユステ修道院を隠遁場所に選んだ。

スペイン独立戦争中の1808年、エル エスコリアル修道院は深刻な

エル エスコリアルは、スペインで最も美しいルネサンス様式の建物のひとつであり、エレリアーノ（スペイン ルネサンス）様式の特徴をもつ

ベンヴェヌート・チェッリーニによるキリスト像は、エル エスコリアルの至宝のひとつ。イタリアのカッラーラ産の白い大理石に彫られている

略奪にあい、聖ヒエロニムス修道会は立ち退きを余儀なくされる。1814年になるまで、修道会が戻ることはなかった。1820～1824年まで続いたスペイン立憲革命の時期、聖ヒエロニムス修道会はふたたび追放され、さらに1837年には教会に対する永代所有財産解放令が発令され、150人の修道士は住む場所を失った。その後、修復の試みが失敗に終わったのち、在俗司祭の団体が結成された。1869年からは学校、1872～1875年までは修道院全体の管理者としてエスコラピアス修道会が入居し、次にまた在俗司祭の団体が入居した。こうした時期を経た1885年、アルフォンソ12世は修道院の管理を聖アウグスティノ修道会に委ね、彼らは今もこの修道院で暮らしている。

王家の霊廟

バシリカの主祭壇の両側に、ふたつの広々とした墓所がある。一方はこの修道院の創設者フェリペ2世の、もう一方はカルロス1世の墓所で、それぞれの家族がともに眠る。祈りを捧げる人々をかたどった金箔張りのブロンズ像は、レタブロにある像と同様、ポンペオ・レオーニの作品。パンテオン デ レイエス（王の霊廟）は、ちょうど内陣の

図書館

エル エスコリアル修道院内には、王室図書館、大学図書館、修道院図書館の3つの図書館がある。最も重要なのは王室図書館で、フェリペ2世は、所有していた貴重な写本をこの図書館に譲渡し、スペイン内外から蔵書や当時のすぐれた作品を購入し、図書館を充実させるよう命じた。この図書館を設計したフアン・デ・エレーラは、全長54メートル、幅9メートル、高さ10メートルもの巨大な身廊をもつバシリカのアトリウム（回廊で囲まれた中庭）をふさいで、大理石の床とふんだんに彫刻をほどこした上質な木の本棚を設置した。神学者アリアス・モンタノは最初のカタログをつくり上げ、図書館に入れる重要な本を選んだ。こうして、4万冊を超える極めて貴重な蔵書がそろった。しかしフェリペ2世は、図書館を単なる本の保管場所にするつもりはなく、勉強や科学研究に役立つ場になるよう、絵や彫刻、肖像画、数学や科学に必要な道具、地図、天体儀、天体観測器、繁殖用動植物、貨幣やメダルの陳列ケースなども収容しようと考えた。図書館の壁には、7つのリベラル アーツ（文法学、修辞学、論理学、算術、幾何、天文学、音楽）を象徴するフレスコ画が飾られている。王の贖罪神父で図書館長であったホセ・デ・シグエンサ神父の図像解釈学にもとづく、ペレグリーノ・ティバルディの作品である。

豊富な歴史遺産

フェリペ2世の治世、エル エスコリアルは政治の中枢だった。宮殿と図書館のほか、王の霊廟、王の両親カルロス1世とイサベル・デ・ポルトゥガル、その他の家族や継承者の霊廟が整備され、巨大なバシリカと修道院が建造された。芸術品と本の熱心な収集家であったフェリペ2世は当代きってのコレクションを宮殿と修道院の両方に寄贈した。

建物の壁にはフランドル地方の豪華なタペストリーが掛けられ、ティバルディ、ツッカリ、ルーカ・カンビャーズ、ルーカス・ホルダン、ジョルダーノらの貴重なフレスコ画もある。油絵にはクラウディオ・コエーリョ、エル・ボスコ、ティツィアーノ、エル・グレコ、ロヒール・ファン・デル・ウェイデン、デューラーら錚々たる画家の署名が残される。数々の彫刻も忘れてはならない。特にチェリーニの「Cristo Blanco（白いキリスト像）」、レオーニの弔いの像、フアン・バウティスタ・モネグロの「Reyes del Antiguo Testamento（旧約聖書の王）」が印象的だ。当時のエル エスコリアルは、西洋カトリック教国にいる芸術家にとっての避難場所であり、第一級の文化拠点だった。ただし王の個人的嗜好が優先された。王はエル・ボスコをこよなく愛し、ティツィアーノには疑問を抱き、エル・グレコの独特な持ち味をきっぱりと拒絶した。

下にあたる、大理石と金箔張りのブロンズで飾られた丸い地下礼拝堂にある。そこにはカルロス1世から現代に至る歴代の王と王母が眠る。フェリペ5世とフェルナンド6世は例外であり、それぞれが建造した、ラ グランハ デ サン イルデフォンソ宮殿とマドリードのサレサス レアレス修道院（サンタ バルバラ教会）に埋葬されている。その他の王族の亡骸はパンテオン デ インファンテス（王子たちの霊廟）に安置されている。

エル エスコリアル修道院

干しタラのトマト煮

Bacalao agustino
バカラオ アグスティーノ

材料

- 干しタラ（塩抜きしたもの）　　1kg
- タマネギ（大）　　1個
- ニンニク　　3片
- トマテフリート
  （スペイン風トマトソース、缶詰でも可）
  　　500g
- ニョラ　　3個
- オリーブ油　　大さじ4
- パプリカ粉　　小さじ1/2
- 塩

調理法

- 干しタラの骨を、目に見える限りすべてピンセットで取り去る。口の広いキャセロール（両手鍋）に、皮の側を下にして、切り身が重ならないように並べ、水をひたひたに入れる。鍋を火にかけ、沸騰し始める前に火からおろしておく。
- オリーブ油をひいたフライパンで、タマネギのみじん切りを炒める。タマネギが透き通ったら、ニンニクのみじん切り、トマテフリート、パプリカ粉、タラのゆで汁を加える。5分煮てから、タラの入った鍋に入れて、さらに火にかける。
- とろ火にかけ、時々鍋を揺らして底にくっつかないようにする。10分経ったら、あらかじめぬるま湯で戻しておいたニョラの果肉を加え、鍋を時々揺らしながらさらに10分火にかける。熱々で食卓へ。熱が冷めにくい土鍋であると好ましい。

アウグスト会風 ジャガイモのグラタン

Patatas agustinas
パタータス アグスティーナス

材料

- ジャガイモ　　　　　　750g
- タマネギ　　　　　　　1個
- ニンニク　　　　　　　2片
- 小麦粉　　　　　　　　100g
- 卵　　　　　　　　　　1個
- 白ワイン　　　　　　　1/2 カップ
- アーモンドスライス　　100g
- オリーブ油　　　　　　大さじ 4

調理法

- ジャガイモの皮をむき、薄すぎないようにスライスして、中まで火が通りすぎない程度に揚げる。ジャガイモを引き上げて、よく油をきる。小麦粉と溶き卵にくぐらせる。
- タマネギのみじん切り、ニンニク、オリーブ油と白ワインを混ぜ合わせ、すべて細かくつぶしてソースをつくる。
- ジャガイモをグラタン皿に重ねて並べ、先のソースを注ぎ、スライスまたはみじん切りのアーモンドを散らす。好みで粉チーズを振りかけてもよい。オーブンで中火で15 分、最後の 5 分はグリル用ヒーターをつけて焼く。

歴史を少々……

フランスでは、18 世紀、ジャガイモの普及に植物学者アントワーヌ・オーギュスタン・パルマンティエが一役買った。七年戦争 (1756 〜 1763 年、プロイセンおよびそれを支援するグレートブリテン王国——イギリスと、オーストリア——ハプスブルク君主国、ロシア、フランスなどのヨーロッパ諸国とのあいだで行われた戦争) でプロイセンの捕虜だった時にジャガイモを好んで食べていた彼は、のちに富裕層を招いてジャガイモ料理だけのパーティーを催すなどして、栽培を広めたのだ。そのため、おもな材料にジャガイモを用いる料理には、彼の名を取ったものが多い。たとえば、アッシェ (みじん切り) パルマンティエ (ポテトピューレとひき肉の重ね焼き)、パルマンティエ ポタージュなどだ。

マドリード

デスカルサス レアレス修道院
Convento de las Descalzas Reales

首都の中心地

マドリードのデスカルサス レアレス修道院は、昔の宮殿にある。かつてカルロス1世と王妃イサベル・デ・ポルトゥガルが住み、1535年に王女フアナが生まれた場所だ。フアナ王女はポルトガルの王子ジョアン・マヌエルと結婚したが、若くして未亡人となり、のちにポルトガル王となる息子セバスティアンを産んだ。兄フェリペ2世は、王国の統治を任せるため、未亡人となったフアナを呼び寄せる。息子が王座につくと（3歳で即位した）、フアナはマドリードの宮廷へ戻り、自身の隠遁場所としてこの修道院を建てた。

デスカルサス レアレス修道院の前には、同名の広場がある。13世紀、この場所は旧マドリードの2度目の拡張計画により、郊外であったサン マルティン地区の中心となった。修道院の建物の前では、国王の即位宣明や皇太子の任命が幾度も行われ、そうした折には舞台と天蓋が設置された。

創設者フアナは、この宮殿修道院で14年間暮らし、38歳だった1573年9月7日にエル エスコリアル修道院で亡くなる。亡骸はこの修道院へ送られ、ス アルテサ（殿下）と呼ばれる礼拝堂に埋葬された。

建築様式

古い宮殿を修道院に改造する工事は、建築家アントニオ・シリェロの指揮で行われた。1564年に完成した聖堂の設計者は定かでないが、フアン・バウティスタ・デ・トレドの作品だといわれてきた。トレドは、ファサードを古典的で厳格なスタイルに設計したようだ。聖堂内には、ルネット付きの筒形ヴォールトに覆われた身廊がひとつあり、内装はイタリアの建築家フランチェス

簡素なファサードからは、中に多数の芸術作品があるとは想像できない

豊富な歴史遺産

かつて多くの高貴な女性たちが、この修道院に入った。そのさい持参した絵画やタペストリー、聖像などの「嫁入り道具」が、膨大なコレクションとして収蔵されている。建物内には、プラテレスク様式の宮殿の骨組みや数々の装飾的要素が今も残り、階段やミラグロ（奇跡）礼拝堂には17世紀のフレスコ画が飾られている。また、聖体崇拝を描いたルーベンスの下絵をもとにしたタペストリーや、ティツィアーノ、サンチェス・コエーリョ、ブリューゲル、ルイーニらの絵画がひときわ目を引く。

回廊の壁や礼拝堂には、絵画、金銀細工、彫刻が所狭しと飾られている。ガスパール・バセラ作のキリスト横臥像もそのひとつ。胸にはサグラダ フォルマ（聖体）が納められている

コ・パチョットの設計と思われる。彼はフェリペ2世に招かれ、エル エスコリアル修道院を手がけるためにスペインへやってきた。一方、祭壇、クワイヤ、聖具保管室は、1612年にフアン・ゴメス・デ・モラが設計した。1565年には、ガスパール・バセラが今はなきレタブロをつくり、そこに飾られた絵画や彫刻もすべて彼の作品だった。しかし、聖堂内のこうした建築様式は、18世紀なかばにディオゴ・デ・ビリャヌエバ（彫刻家フアン・デ・ビリャヌエバの息子）によって一新される。

回廊

もうひとつ重要な部分が、聖週間に行われる行列で有名な回廊だ。聖金曜日に、この修道院が創設された時代の古い音楽に合わせ、回廊からサント・エンティエロの行列が出発する。行列では、ガスパール・バセラのキリスト横臥像がむきだしのまま運ばれる。この行列は、聖体の祝日の行列と並び、豪華な典礼用衣装を身につけて行われ、回廊の四辺の壁に、ルーベンスがデザインしたタペストリーが掛けられることもある。

資料館

　デスカルサス レアレス修道院は国の歴史遺産と見なされ、建物の一部が資料館となっている。ガイドの説明を受けながら、回廊やクワイヤ、さらに数えきれないほどの芸術作品が並ぶ礼拝堂や部屋を見ることができる。

アントニオとルイスのゴンサレス・ベラスケス兄弟が描いた天井画。1862年の火災で焼け焦げるが、素描が保存されていたおかげで、アントニオ・ガルシアによって1863年に修復された

牛の胃袋とヒヨコ豆の煮込み

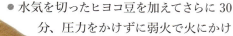
Callos con garbanzos
カリョス コン ガルバンソス

材料

- カリョス（ウシの胃袋）　　1.5kg
- 豚の前足　　4本
- チョリソ　　1/2本
- モルシージャ　　150g
- 生ハム　　100g
- パプリカ粉　　大さじ2
- チリペッパー　　大さじ1
- トマテフリート
  （スペイン風トマトソース）　　500g
- 生ハムの骨　　1本
- ニンニク　　1玉
- ニンジン　　2本
- ポロネギ（白い部分のみ）　　1本
- タマネギ　　2個
- ヒヨコ豆の水煮　　1缶
- 塩

調理法

- カリョス（牛の胃袋）は、前の晩によく洗ってビネガーを入れた水に浸しておく。調理する前にカリョスを5cm四方に切り、豚足をよく洗う。ここで2つの作業を行う。ひとつは、生ハム、カリョス（牛の胃袋）、豚足。もうひとつは、ニンニク1玉は皮をむかずに、皮をむいたタマネギ、ポロネギ、ニンジンで、いっぺんにゆでる。

- 肉類について、ここからの作業はどのようにするか選ぶ。ひとつは「早い」方法で、圧力鍋を使う。もうひとつは、昔ながらに弱火で煮込む方法。圧力鍋の場合は、1時間10分ほどで仕上がる。弱火の場合は3時間ほど煮込む必要がある。

- 別のキャセロール（両手鍋）に小さく切ったハム、チョリソ（豚肉と香辛料の腸詰）、モルシージャ（豚の血のソーセージ）を入れて30秒ほど炒めてから、パプリカ粉、チリペッパーとトマテフリート（スペイン風トマトソース）を加える。火からおろしておく。

- カリョス（牛の胃袋）が柔らかくなったら、豚足を取り出し、骨を外して肉を小さく切る。一方で、ゆでた野菜類にゆで汁少々を加えてすりつぶし、漉し器にかけて滑らかにし、ハム類を炒めた鍋に加える。続いて水気を切ったカリョス（牛の胃袋）を入れ、ゆで汁を加えて好みに応じてスープのとろみを加減する。

- 水気を切ったヒヨコ豆を加えてさらに30分、圧力をかけずに弱火で火にかける。最後に豚足からはずした肉を加え、さらに10分煮込む。塩で味をととのえて、盛り付ける。

聖者のドーナツ

Rosquillas del santo
ロスキージャス デル サント

材料

- 卵　　　　　　　　　　　　　1個
- オリーブ油　　　　　　　　大さじ4
- 牛乳（冷たいもの）　　　　大さじ4
- アニス酒　　　　　　　　　大さじ2
- 砂糖　　　　　　　　　　　大さじ6
- イースト（パン酵母）　　　小さじ1/2
- 小麦粉　　　　　　　　　　500g
- オリーブ油（揚げ用）　　　1ℓ
- 砂糖（仕上げ用）

調理法

- ボウルで卵を溶く。オリーブ油大さじ4、牛乳、アニス酒を加える。よくかき混ぜて、砂糖とイースト（パン酵母）を加える。
- かき混ぜながら小麦粉を少しずつ加えていき、全体が均一に混ざった、ガムのような見た目の生地にする。
- 指の長さ程度のロールをつくり、端をつないでリング状の「ロスキージャ」にする。
- オリーブ油を温め、「ロスキージャ」を順番に揚げていく。はじめは中温程度で揚げ、膨らんできたら温度を上げて表面に焼き色をつける。ひき上げたら、キッチンペーパーや金網などにのせて油を切る。砂糖を振って盛り付ける。

マドリード

アルカラのアグスティノ修道会
Agustinas de Alcalá

意外な起源

アルカラ デ エナーレスの旧市街の中心に位置するこの修道院は、じつに意外な起源をもつ。現在は信仰の場所であるこの建物は、かつては道を踏み外した女性たちの保護施設だったのである。

スペイン黄金時代、アルカラ デ エナーレスはにぎやかな学園都市だった。とかく肉体の快楽を求めがちな若者に引き寄せられるように、町には売春婦の数も増えていった。1580年、こうした状況に心を痛めた修道士フランシスコ・デル・ニーニョ・ヘススは、女たちを助けるために保護施設を創設し、枢機卿ガスパル キローガの支援を得て運営を開始した。しばらくそのデリケートな使命を果たしたのち、保護施設は移転し、建物はアウグスティノ修道会の女子修道院となった。1668年にかけて、急速にこの変革を進めたのはアンドレス・デ・ビリャランという人物だった。建物の改築作業が開始され、1672年には完了する。

聖堂

修道院の建物は禁域のため、外部からの立ち入りが許されるのは、トルノがある部屋と聖堂のみ。聖堂は1672年に建てられた最後の建物のひとつで、設計を任されたのは、アウグスティノ修道会のロレンソ・デ・サン・ニコラス師だった。彼は、その時代の象徴的な建物であるマドリードのエンカルナシオン修道院の聖堂から設計の着想を得た。

レンガ造りに石の装飾がついた聖堂のファサードは、エンカルナシオン修道院のそれに似ている。そのファサードは3層構造で、いちばん低い層には3つの開口部、中間層に

以前はアントリネス、カレーニョ、リッチの絵画、エスカランテやムリーリョの祭壇画など貴重な芸術作品があったが、1836年の還俗で大半が失われた

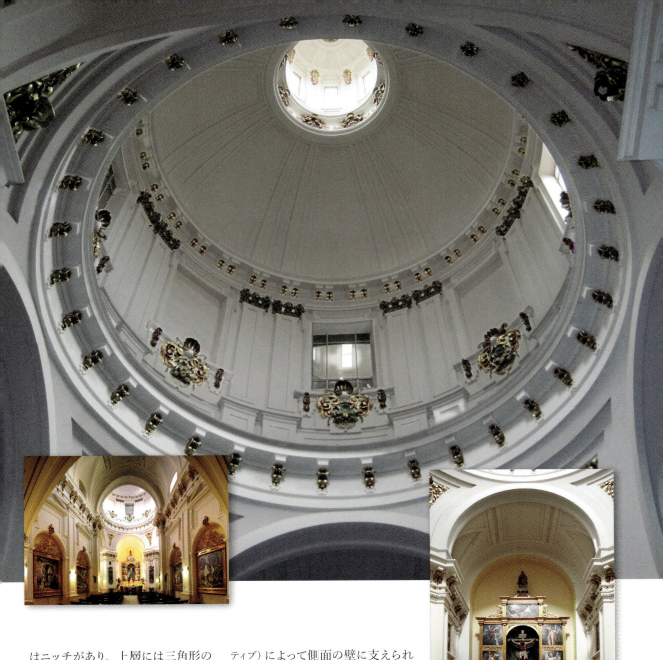

　はニッチがあり、上層には三角形のペディメントがつき、その中央に小さな円窓がある。しかし、ひときわ目を引き、聖堂に個性を与えているのは、ファサードの背後にそびえ立つ、すらりとした頂塔と尖った柱頭をもつ美しいドームである。

　聖堂内部のプランはラテン十字形、中央にオレンジを半分に切った形の吹き抜けのドームがかかり、カーブした4つの三角形（ペンデンティブ）によって側面の壁に支えられている。モデルにしたエンカルナシオン修道院と同様、クワイヤの下にはポルティコ（柱廊）がある。立面構造はドーリス式で、対になった持ち送りが並ぶエンタブレチュア（柱頭上部の水平部分）が見事だ。この聖堂はスペイン内戦中に破壊され、現在われわれが目にしているのは修復後の姿だ。破壊をまぬがれたのは、骨組みとムデハル様式の屋根だけだった。

上の大きな写真は、ロレンソ・デ・サン・ニコラス師が設計したエレガントなドーム。ほかの2枚の写真は聖堂内の様子

オニオンスープ
Sopa de cebolla
ソパ デ セボージャ

材料
- タマネギ（大）　　　　1個
- ブイヨン　　　　　　　1.5ℓ
- ニンニク　　　　　　　1片
- 小麦粉　　　　　　　　大さじ1
- 粉チーズ　　　　　　　100g
- アーモンドスライス　　100g
- オリーブ油　　　　　　大さじ4
- 固くなったパン
- 塩

調理法
- タマネギを細切りにして、オリーブ油大さじ4を入れたカスエラ鍋で炒める。焼き色が完全につく前に小麦粉を加えて、木べらで（鍋を傷めないように）よくかき混ぜて炒める。
- 鍋にブイヨン（チキンでも、野菜でもよい）を入れて、塩を振り、すりつぶしたニンニクを加え、弱火で10分ほど煮る。火からおろし、陶器のスープ皿など耐熱の容器に移す。
- 一人当たり5～6枚見当でパンを切る。パンは少なくとも前日のもの、白いタイプのパンだとなおよい。パンを軽く焼いてスープの上にのせる。最後にスープの表面に粉チーズを振りかける。スープ皿をオーブンに入れ、チーズが軽く溶けるまで焼く。

チョコレートとビスケットのトリュフ
Trufas de chocolate y galleta
トゥルファス デ チョコラテ イ ガジェータ

材料
- マリアビスケット*1　　　225g
- 板チョコレート　　　　　1枚
- 牛乳　　　　　　　　　　少々
- ココアパウダーまたは
  チョコレートスプレー

*1　スペインで最もポピュラーなビスケット。朝食で主流である。

調理法
- 板チョコレートを湯せんか電子レンジで溶かす。ブラックチョコでも、ミルクチョコやホワイトチョコでも好みでよい。またそれぞれを使ってもよい。チョコレートが溶けやすいように牛乳を少し加え、底にくっつかないよう、また全体がちゃんと溶けるようにかき混ぜる。
- フリーザーバッグにビスケットを入れ、空気を抜いて密閉して、上から麺棒や瓶などを転がして砕き、細かくする。
- 砕いたビスケットと溶かしたチョコレートを合わせ、全体が均一になるまでよくかき混ぜる。冷凍庫で数分寝かせる。
- 生地が冷えて固まったら、スプーンで少しずつすくい、両手のひらで転がして丸める。
- 深皿にココアパウダーかチョコレートスプレーを入れ、生地のボールを転がしてまぶす。ココナッツパウダーでもおいしくできる。食べるまでに少なくとも2～3時間、冷蔵庫で寝かせる。

ムルシア

ロルカのクララ修道女会　Clarisas de Lorca

震災

クララ修道女会は、1602年からロルカに定住している。街を壊滅させた2011年5月の地震が起きたとき、1956年に建てられたサンタ アナ イ サンタ マリア マグダレナ修道院の建物は比較的新しかったにもかかわらず、深刻な被害を受け、正面ファサードだけが破壊をまぬがれた。18世紀に建造されたそのファサードは、スペイン内戦で破壊された旧市街の古い修道院から1950年代に移設されたものだった。

クララ修道女会には灌漑用水協会に強力な後援者がいたため、震災のわずか2週間後には、修道院の修復と、当時いた12人の修道女に新たな住居を与えるための資金集めが開始された。

新しい建物

震災後のロルカで真っ先に修復作業が始まったこの修道院は、今では真新しい輝きを放っている。写真を見て忠実に復元されたが、建物の質と耐震性を高める建材を使い、一部はより新しく実用的な建築手法で再設計された。

ソーラーパネルなどの省エネギーシステムも組み込まれ、礼拝堂には新しい祭壇がお目見えし、カルタヘナ教区のホセ・マヌエル・ロルカ司教が執り行う荘厳ミサによって、2013年7月2日に聖別された。

崩壊した建物から救出された聖クララと無原罪の御宿りの

バレンシア文化財保存復興協会の専門家による懸命の努力で、新しい祭壇が見事に光り輝く

像は、カステリョンに本部を置くバレンシア文化財保存復興協会の専門家の手で復元された。無原罪の御宿りの像は、フランシスコ・サルシーリョの弟子でムルシア出身の聖像彫刻家ロケ・ロペスによる18世紀の作品。一万の聖クララ像は、同様にサルシーリョの影響を受けた聖像彫刻家ホセ・サンチェス・ロサの作品である。

2011年5月11日18時47分、9人が犠牲となったマグニチュード5の地震が起きた。町の建物や歴史遺産にも甚大な被害が及び、クララ修道女会が居住する修道院もまた、ほぼ全壊した。その後、200万ユーロ以上の資金を投じた18ヵ月に及ぶ修復作業を経て、2013年6月、修道会はようやく元の場所へ戻る。破壊をまぬがれたのは、ファサードだけだった。

「祈り、そして働け」

ロルカのクララ修道女会は、手の込んだ製本と菓子づくりで有名だった。震災後、作業場が使えない状態だったが、現在は真新しい作業場が整えられ、そこからおいしい菓子パンやケーキなどが送り出される。特に有名なのがココナッツクッキー(コカーダ)、パスクア(復活祭)のケーキ、そして菓子パンの一種「ビルバオ」。名前はビルバオ(バスク地方の地名)でも、ムルシア地方の名物である。

カリフラワーのグラタン

コリフロール グラティナーダ

材料

— カリフラワー（約800g）　　1個
— ライトベシャメルソース　　500g
— パルメザンまたは
　エメンタールチーズ　　　　150g
— オリーブ油
— 塩

〈ベシャメルソース〉

— バター　　　　　　　　　　30g
— 小麦粉　　　　　　　　　　30g
— 牛乳　　　　　　　　　　600ml
— ナツメグ
— コショウ、塩

調理法

● 小分けしたカリフラワーを15分ほどゆでる。この時には完全に火を通さず、オーブンでグラタンにする時に仕上げる。

● 一方でベシャメルソースをつくる。バターを溶かして小麦粉を加える。小麦粉をかき混ぜて軽く炒める。焼き色はつかないようにする。
温めた牛乳を少しずつ加える。ダマが無くなり全体が滑らかになるまで木べらなどでたえずかき混ぜる。

● ベシャメルに火が通ったら、塩、黒コショウと、好みでナツメグを加える。

● ゆでたカリフラワーをオーブン皿に入れ、ベシャメルソースで覆う。チーズをすりおろし、またはスライスして上にかけ、210度のオーブンで10分ほど焼く。

ココナッツクッキー

Cocadas
コカーダス

ご存じですか？

「copra（コプラ）」とは、乾燥させたココナッツの果肉のこと。コプラの脂質には、油分が65％含まれている。コプラを鹸化・水素化すると、ココナッツバターやココナッツオイルが得られる。これは、食用の油を抽出する原料としたり、せっけんやシャンプー類、化粧品、香料に使われたりする。コプラを包むヤシの殻も有用で、ガスマスク用の活性炭をつくるのに使われる。

材料

- ココナッツパウダー　　300g
- 砂糖　　150g
- 練乳　　小さな缶ひとつ
- バター　　250g
- 卵　　7個

調理法

- 卵と砂糖をかき混ぜ、完全に溶かして卵に粘り気を出す。
- ボウルにバターを入れ、電子レンジの解凍モードで溶かす。
- 卵の入ったボウルに練乳、ココナッツパウダー、溶かしバターを入れ、よくかき混ぜる。
- オーブンを200度で10分予熱する。天板の底にクッキングペーパーかシリコンプレートをしく。絞り袋かスプーンで生地の小さな山をつくっていき、20分ほど焼く。

ムルシア

聖地 カラバカ デ ラ クルス
Santuario de Caravaca de la Cruz

立地と歴史

　ムルシア州西部の町カラバカ デ ラ クルスは、州都ムルシアから78キロの距離にある、州北西部における政治の中心地である。この聖地は、防壁に囲まれたエリアとバシリカとにはっきり区分されている。ここはもともと（10〜11世紀）イスラムの城塞だったが、その後幾度も改造が試みられた。13世紀に建造された防壁もたびたび改修され、現在は形も大きさも異なる14の塔で分断されている。

　現在の建物は修道院ではないが、かつてテンプル騎士団とサンティアゴ騎士団が居住していた。この城塞は、スペイン継承戦争および独立戦争のさい、軍事要塞として使われた。17世紀（具体的には、1617年7月16日〜1703年5月3日のあいだ）、昔の要塞の中心にベラ クルス大聖堂が建てられ、地元産の大理石で建造した見事なバロック様式のファサードがのちに加わった。建築家フアン・デ・エレーラがエル エスコリアル修道院に用いたスタイルを踏襲したカラバカ デ ラ クルスの建物群は、1944年に国の歴史・芸術記念物に指定された。こうして大切に保存されるのは、ベラ クルス大聖堂の存在があればこそである。聖堂の建設には、ミゲル・デ・マダリアガ、ホセ・バスティーダ、メルチョル・ルソン、アロンソ・オルティス、アントニオ・デル・カンポらがたずさわった。プランはラテン十字形、側廊の上に回廊がめぐらされ、クロッシングの上にはドームがある。側廊はラッパ型のアーチを通じて身廊と接している。

カラバカ デ ラ クルスには、上の写真にある聖年用の運搬式聖体顕示台が保管されている。彫刻家ルイス・アルバレスの指示のもと、リンコナダ デ セビーリャのラモス兄弟によって制作された

ベラ クルス博物館

　この博物館には、装飾品、金銀細工、絵画などのコレクションに加え、ベラ クルスに関する重要な文書も収蔵されている。絵画コーナーの主役のひとつは、カラバカ出身の画家ラファエル・テヘオによる油絵「La curación de Tobías（トビアスの治療）」。テヘオは、19世紀のスペインにおける新古典主義のすぐれた肖像画家である。もうひとつは、「San Francisco en la Zarza（イバラの中の聖フランシスコ）」と題する、17世紀のホセ・デ・リベラ派の油絵だ。そのほか、16世紀に描かれた6枚の板絵も特筆に値する。レオナルド・ダ・ヴィンチの弟子エルナンド・デ・リャノスによる、出現の奇跡を描いた作品である。

　装飾品で特に見ごたえがあるのが、チリノスのカズラだ。イスラムの織物でできた典礼用の祭服で、十字架が出現した奇跡の瞬間に司祭チリノスが身につけていたものだとされる。金銀細工では、16世紀初頭につくられた十字架の聖体顕示台がすばらしい。初代ベレス侯爵ペドロ・ファハルドからの寄贈品である。第2代ベレス侯爵ルイス・ファハルドから寄贈されたバニョスの十字架も貴重な芸術品である。また、金メッキをほどこした銀の箱も一見の価値がある。サンティアゴ騎士団の団長ロレンソ・スアレス・デ・フィゲロアが1390〜95年ごろに寄贈したもので、聖堂内の礼拝堂に置かれている。昔の城塞の一部も見学でき、当時の地下牢や貯水槽を見ることができる。

永遠の聖年

1998年1月、聖地カラバカ デ ラ クルスは2003年から7年ごとに「聖年」を挙行する特権を、ローマ教皇ヨハネ・パウロ2世によって与えられた。聖年にあたる1年間は、一定の条件を満たす信者に特別な赦し（贖宥）が与えられる。これまで聖年を挙行した全世界の都市のうち、バチカンから永続的に行う特権を与えられたのは、エルサレム、ローマ、サンティアゴ デ コンポステーラ（7月25日が日曜日にあたる年）、サント トリビオ デ リエバナ（4月16日が日曜日にあたる年）、カラバカ デ ラ クルス（7年ごと）、トレド県ウルダ（9月29日が日曜日にあたる年）のわずか6都市である。

「十字架の木」として知られる木片は、キリストが磔になった十字架に由来し、パレスチナへ行った聖ヘレナがローマへ持ち帰ったと伝えられている。カラバカ デ ラ クルスでは、その木片のひとつが聖遺物箱に入れて保存されていたが、1934年に冒涜者によって盗み取られた。スペイン内戦後、ローマ教皇ピウス12世は、ローマに保存されていた木片のかけらを3つ、カラバカに譲渡した。

エンドウ豆とアーティチョークの白ワイン煮

Alcachofas con guisantes
アルカチョファス コン ギサンテス

材料

- アーティチョーク　　　　1kg
- エンドウ豆　　　　　　　500g
- タマネギ　　　　　　　　1個
- ジャガイモ（中）　　　　2個
- 白ワイン　　　　　　　1/4カップ
- オリーブ油　　　　　　　1カップ
- ニンニク　　　　　　　4〜5片
- イタリアンパセリ（フレッシュ）の
  みじん切り
- コショウ　　　　　　　　少々
- パン粉　　　　　　　　大さじ1
- レモン　　　　　　　　　1個
- 塩

調理法

- アーティチョークを洗い、外側の固い葉をむく。茎を切って、皮をむく。そして縦半分に切って、黒ずまないようにレモンをまんべんなくかけておく。
- カスエラ鍋にオリーブ油を入れ、みじん切りにしたタマネギとニンニクを炒める。
- 色がつき始めたら、白ワインを入れ、数分火にかけてアルコールを飛ばす。ボウルでパン粉とイタリアンパセリ、塩コショウを混ぜる。混ぜたものをアーティチョークに詰める。
- 詰め物をしたアーティチョークを茎と一緒にカスエラ鍋に並べる。水を入れ、弱火で30分ほど火にかける。好みでチキンブイヨン半かけを加えてもよい。
- 角切りにしたジャガイモとエンドウ豆を加え、さらに30分火にかける。水が無くなりかけたら足す。イタリアンパセリを上に振りかけて盛り付ける。

キンメダイの蒸し焼き

Palometa conventual
パロメータ コンベントゥアル

ご存じですか?

「赤パロメータ」「黒パロメータ」などと呼ばれているが、これは単なる遙称で、それぞれ別の種に属している。「赤パロメータ」(キンメダイ) は「アルフォンシーノ」とも呼ばれ、砂や泥のある200〜400mほどの大陸棚斜面域に生息する。こうした生息環境から、その白身の肉質は、ヒラメによく似たものである。

材料

- キンメダイ(赤パロメータ、小) 2匹
- タマネギ 1個
- ジャガイモ 300g
- オリーブ油 大さじ4
- レモン 1個
- イタリアンパセリ 大さじ1
- 黒コショウ 小さじ1/2
- 魚のブイヨン 1カップ
- ディル*1(フレッシュ) 1房
- 塩

*1 ハーブの一種で、柔らかな細葉で、臭い消しによく使わる。

調理法

- キンメダイをよく洗い、中までよく火が通るように皮に切れ目を入れる。レモン汁を振りかける。
- オーブン皿に、輪切りにしたしたタマネギと薄すぎないようスライスしたジャガイモをのせる。塩コショウしてたっぷりのオリーブ油をかけ、混ぜ合わせる。
  魚のブイヨン(ブイヨン1/2粒でつくれる)を加え、アルミホイルでふたをする。180度に予熱したオーブンに入れ、20分ほど焼く。
- オーブンから取り出し、アルミホイルを取って、ジャガイモとタマネギの上にキンメダイをのせる。15分焼いてフレッシュディルを散らす。

ナバラ

ラ オリーバ修道院

Monasterio de La Oliva

歴史と芸術の世紀

　その昔、ナバラ州カルカスティーリョにほど近いラ オリーバ修道院は、北部地方で最も裕福で影響力のある修道院のひとつだった。所有地や資産はフィガロル、カルカスティーリョ、メリダ、ムリーリョにまで及び、さらに寄贈、遺産相続、購入により、ナバラ メディア、バホ アラゴンの川沿い地域、アラゴン地方のシンコ ビリャスを獲得し、12、13世紀には絶頂期に達した。ところが、1348年のペストの大流行により、大きな不運に見舞われる。町や村の人口が減少し、貧困化が進み、王国の政治的要因がさらに状況を悪化させた。その後1世紀をかけて、ラ オリーバ修道院は勢力を盛り返していった。

　政治的影響力をもつラ オリーバ修道院は、近代になると、コルテス（王国議会）における聖職者議員団のなかで優位なポストと議決権を与えられた。ところが、19世紀にふたたび困難な時代を迎える。スペイン独立戦争のさなかの1808年、ダグ将軍率いるフランス軍による略奪で修道会は離散し、1814年に戻ってくるまでその状態が続いた。1820年には財産を差し押さえられ、翌年には修道士たちが還俗し、1823年まで戻らなかった。

　さらに、メンディサバルの永代所有財産解放令によって教会財産の徴収が命じられ、1835年10月1日には、古文書館と豊富な蔵書をもつ図書館が没収され、聖堂は倉庫となり、土地は競売にかけられた。ラ

聖堂へはゴシック様式の玄関から入る。入口の両脇には、ブルゴーニュ ロマネスク様式の美しいバラ形装飾がある

ゴシック様式の玄関上方に、めずらしいコーニス（軒蛇腹）がある。それを支えるロマネスク様式のコーベル（持ち送り）は、昔の建物から救出されたものに違いない。ゴシック様式の回廊の床は、色とりどりの丸い小石を並べた幾何学模様に彩られている

オリーバ修道院がようやく聖職者の手に戻ったのは、1927年のことである。その年、ナバラ地方議会、とりわけオノフレ・ラルンベ神父を長とする重要文化財委員会との合意により、新たにトラピスト修道会（厳律シトー会）が入居した。

変化に富んだ建築様式

ロマネスク様式からゴシック様式への移行期に建てられた貴重な建物は、聖堂とその北側に位置する回廊からなり、回廊に沿って古い時代の修道院の部屋が配置されている。また、聖堂の前の中庭をふさぐ形で、比較的新しい修道院長館が立っている。

聖堂は3つの身廊をもつ広大な建物で、クロッシング部分から広がる形で四角い礼拝堂が4つあり、その中心に半円形のアプスがある。聖堂そのものが建てられたのは12世紀だが、ファサードはそれ以降、おそらく13世紀から14世紀にかけて建造されたと思われる。

回廊は12世紀に建造され、

14、15世紀に再建された。四角形の回廊のそれぞれの翼には、6つの大窓がある。回廊の周囲には、初期ゴシック様式のお手本のような参事会室（4本の柱に支えられたヴォールトに覆われている）や、修道士の部屋、聖具保管室、食堂、調理場、16世紀の大階段などがある。建物の周辺には、回廊と同じ時代に建てられたワイン醸造所や昔の食料貯蔵庫の跡もあり、菜園の中にぽつんと、小さな教会のような礼拝堂が立っている。

修道生活

12世紀にアラゴン王サンチョ・ラミレスの要請でフランスからやってきたシトー会修道士たちは、「祈り、そして働け」のモットーを順守した。土地柄、ブドウ栽培とワイン製造に従事し、生業として、自家農園で育てたブドウでワインをつくった。

現在、ワイン造りは私企業に委託し、26人の修道士は神に祈りを捧げるかたわら、小さな宿泊所を運営している。精神修養のための宿泊所では、修道生活を体験できる。

ラ オリーバ修道院

クリスマスのローストチキン

Pollo de Navidad
ポーヨ デ ナビダー

材料

— 丸鶏（下処理済）　　　　　　1羽
— ドライプルーン　　　　　　　150g
— 松の実　　　　　　　　　　　75g
— 干しブドウ（ブラックコリント）＊1　75g
— ドライピーチ　　　　　　　　1個
— ドライアプリコット　　　　　1個
— ポークソーセージ　　　　　　300g
— ブランデー　　　　　　　1/4カップ
— 小タマネギ　　　　　　　　　2個
— ラード
— 粒コショウ
— 塩、オリーブ油

＊1 「ブラックコリント種」は小粒で色が濃く、おだやかな酸味がある

調理法

● 鶏肉に塩コショウする。松の実をラード少々で炒める。
● ドライフルーツをすべて、沸騰した湯に入れ、1分火にかけて戻しておく。
● ソーセージを炒めて小さく刻む。
　戻して水気を切ったドライフルーツと混ぜ、みじん切りにした小タマネギと一緒に鶏に詰める。
● 鶏全体にブランデーを塗り、楊枝で鶏の裏側を閉じる。
● 鶏全体にラードを塗り、アルミホイルで覆ったオーブン皿にのせる。
　オーブンで強火で2時間焼き、最後30分はアルミホイルを取り、焼き色をつける。

修道女のスープ

Sopa de las monjas
ソパ デ ラス モンハス

材料

- 固くなったパン　　　　500g
- タマネギ (中)　　　　　1個
- ニンニク　　　　　　　4片
- トマト (完熟)　　　　　1個
- オリーブ油　　　　　　大さじ6
- 水　　　　　　　　　　1.5ℓ
- パプリカ粉　　　　　　小さじ1/2

調理法

- フライパンにオリーブ油を入れて熱し、みじん切りにしたタマネギとニンニクを炒めてソフリート (野菜の調味料) をつくる。
  ほぼできあがったらスライスしたパン (少なくとも前日のもの) を加え、木さじで全体をよくかき混ぜる。
- ソフリートを土鍋に移し、皮をむいてつぶしたトマト、パプリカ粉、水を加える。
- とろ火で10〜15分温める。スープは陶製のスープ皿に盛り付けると冷めにくくてよい。

ナバラ

フィテロ修道院

Monasterio de Fitero

立地と起源

ラ リオハ州との州境に近いナバラ州リベラ地方のフィテロという小さな村にあるフィテロ修道院（サンタ マリア ラ レアル修道院）は、1931年に国定記念物に指定された。1140年、フランスから修道士がやってきて、スペイン初のシトー会修道院を創設した。その後、フィテロ修道院の真の創始者である聖ライムンド・デ・フィテロに促され、修道会はニエンセバスの管区へ転居する。聖ライムンドは1141〜1158年まで修道院長を務め、1152年にはこの大修道院を創設した。

大聖堂の建設は、1175年ごろにカベセラから始まり、続く13世紀には身廊が造られ、1247年にはすでに完成していた。プランはラテン十字形、3つの身廊と、放射状に5つの礼拝堂が配されたアプスからなる。参事会室もまた13世紀のものだ。

フィテロにあるサンタ マリア ラ レアル修道院は、ロマネスク様式からシトー会式ゴシック様式への移行期のスタイルを示す好例のひとつ

聖堂には、16世紀の貴重な典礼用祭服が保存されている。代々の修道院長から寄贈されたものだ。

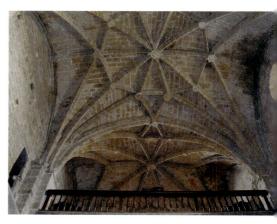

フィテロ修道院には、さまざまな時代やスタイルの櫃や宝石箱を集めた貴重なコレクションがある。特に注目すべき品は、ロマネスク様式の櫃、イスラム様式の象牙の櫃、中世の宝石箱。そのほか、マニエリスム様式（ルネサンス様式からバロック様式への過渡期の様式）の貴重な聖骨箱（右の写真）など、数々の至宝がある

1247年に完成した参事会室。円柱、肋材、アーチ、柱頭の構成が完璧だ

16、17世紀には、聖具保管室と現存するビルヘン デラ バルダ礼拝堂が建てられ、いずれもバロック様式である。現在、修道院の建物の一部は宗教的な用途以外に使われている。同様に、昔の宿泊所は市庁舎、独居房は高齢者住宅、食堂はカルチャー施設と映画館、図書室と調理場は資料館となっている。

永代所有財産解放令を乗り越えて

永代所有財産解放令の発令後に放棄された近隣のレイレ、ラ オリーバ、イラーチェ修道院とは対照的に、フィテロ修道院は村の教区教会でありつづけ、昔の大修道院時代から伝わる貴重な調度品の大半が維持された。そのため、フィテロ修道院が所有する美術品等の文化財は例外的に豊富である。保存されている金銀細工で特に貴重なのは、フィテロ修道院の創始者である聖ライムンドの腕形聖遺物箱、聖アンデレの聖体顕示台（18世紀）、聖杯（17世紀）、銀と真珠貝の杯（16世紀）、刻銘から966年の作品だとわかる小さな象牙の櫃。この櫃は、カリフ統治時代のスペインの工房でつくられた名品である。

ベッケルとフィテロ

有名なスペイン ロマン主義作家グスタボ・アドルフォ・ベッケルは、フィテロの湯治場に滞在中、この修道院を訪れた。古い石造りの修道院と作家のイマジネーションが結びついて、『ミゼレーレ』と『モーロ娘の洞窟』という、彼の作品のなかでも最も美しいふたつの物語が生まれた。ベッケルへのオマージュとして、6月最後の週末には、ラリオハ州のアウトルという村で、俳優と裏方を合わせて100人以上を動員し『ミゼレーレ』の劇が上演される。

シトー会の嗜好やスタイルに似合わぬ大きなレタブロも秀逸だ。設計したディエゴ・サンチェスは、装飾をあまり用いない純粋に建築学的な構造を考案し、2本の太い円柱（通し柱）のあいだに段を組んだ。彫刻と絵画で構成され、彫刻はレタブロ本体と同じく1583年に設置された。絵画はフランドル派の板絵で、作者はロランド・デ・モイス。すでにラ オリーバ修道院で作業経験のあるフェリセス・デ・カセレスが助手を務めた。

フィテロ修道院では、地方自治体が運営するガイド付きの見学ツアーを行っている。また、近くには宿泊できる湯治場もある。

フィテロ修道院

修道院風 アナゴのシチュー

Congrio guisado del monasterio
コングリオ ギサード デル モナステリオ

材料

— アナゴの切り身　　　　4切れ
— アーモンド（皮なし）　　50g
— タマネギ　　　　　　　　2個
— サフラン　　　　　　　2～3本
— 小麦粉
— オリーブ油
— 塩

調理法

● すり鉢でアーモンドをすりおろして滑らかなペースト状にする。
● タマネギをみじん切りにする。
● アナゴに小麦粉をまぶし、フライパンで片面1分ずつ両面を焼き、取っておく。
● 鍋（土鍋が望ましい）に、アナゴの切り身とアーモンドのペースト、みじん切りにしたタマネギ、サフランを入れ、水を半分まで入れる。
軽く塩をして、底にくっつかないように時々鍋を振り、汁気が少なくなったら足しながら、アナゴに火が通り味がしみるまで火にかける。

調理のコツ

パイ生地は、出来合いのものが生から冷凍までいろいろな種類のものが市販されている。パイ生地を焼く時に気をつけなければならないのは、その温度だ。220度で焼くのだが、伝統的なパイ生地だと、同じ温度で焼いてもうまくいかないだろう。丸めてからまた伸ばす過程で、生地の構造が壊れるからだ。

シトー会の栄光 ドーナツパイ

Glorias del Cister
グロリアス デル システル

材料

- 小麦粉　　　165g
- 塩　　　　　2g
- 水　　　　　75g
- バター　　　175g
- 卵　　　　　3個
- 砂糖　　　　160g

調理法

- パイ生地をつくる。まずは小麦粉135g、塩2g、水65gを混ぜる。全体が均一になるまでかき混ぜてから、バター135gと残りの小麦粉30gを入れて、ふたたびかき混ぜる。この生地を麺棒で伸ばし、折り重ねを5回繰り返して、また伸ばす。広がったらまた折りたたんで伸ばし、厚さが5mmほどになるようにする。
- コップとそれより小さなショットグラスなどを使って、生地をリング状に切る。天板に置いてオーブンで220度で焼く。半分ほど焼けてきたら180度に下げて、焼き色がつきすぎないようにする。
- 砂糖110g、バター40g、卵3個を十分にかき混ぜてつやだし用溶き卵をつくっておき、焼けたパイ生地が冷めてから、くぐらせる。
- 翌日まで寝かせ、砂糖50gと水10gを混ぜた砂糖水に浸す。密閉した瓶で保存すれば、冷蔵せずに長期間もつ。

ナバラ

サンタ エングラシア デ オリテ修道院
Convento de Santa Engracia de Olite

立地と起源

サンタ エングラシア デ オリテ修道院は、中世後期にナバラ王国の宮殿があったオリテにある。州都パンプローナから、わずか40キロの場所だ。前身はサンタ エングラシア デ パンプローナ修道院。聖クララの存命中に創設された、イタリア以外では初めてのクララ会女子修道院である。

町はずれにあったこの修道院はフランス革命戦争（スペインは対仏同盟国として参戦）で完全に大破し、修道女たちはオリテへ転居する。1804年10月2日、修道女22人と見習い修道女ひとりがオリテへやってきた。古文書や多くの絵画、彫刻など、パンプローナの修道院にあった財産がすべて新居に移され、そのうち聖エングラシア、聖クララ、アッシジの聖フランシスコの像が主祭壇に飾られた。

永代所有財産解放令

修道会にとって最も過酷な時期が訪れる。1837年にメンディサバルの永代所有財産解放令が発令され、何世紀もかけて蓄積した多くの財産が奪われたのだ。そこには、

修道院のファサードは、小鐘楼のある簡素な構造。聖堂内には、18世紀の華麗なロココ様式のレタブロがある

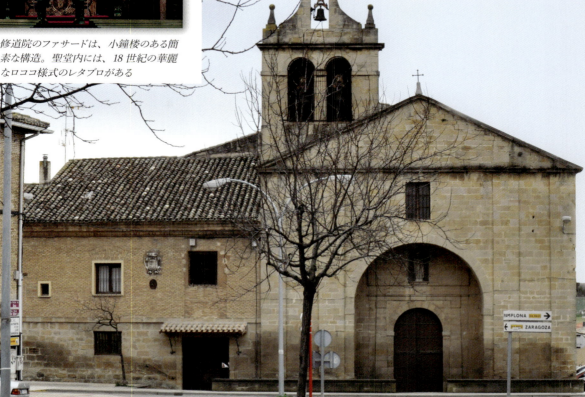

ハダスの城塞

サンタ エングラシア デ オリテ修道院からわずか500メートル、オリテの町中央にスペイン屈指のめずらしい城塞がある。「高貴王」カルロス3世（在位1387〜1425年）の絶頂期に建てられたこの城を、王は自身の宮殿にしていた。フランスの影響が色濃く、当時のヨーロッパで最も豪華な宮殿のひとつだった。装飾はアラブ、フランス、ナバラにおける最高峰の建築家が手がけ、その贅沢ぶりは、屋内に空中庭園が造られるほどで、オレンジやレモンなどの果樹が植えられた。

ベロイスとエレギの領主権、複数の村に分散する800ヘクタール以上の土地、7軒の家屋、そのほか多額の地代が含まれていた。この法令を受け、サンタ エングラシア デ オリテ修道院には1837〜1852年まで、レリンの無原罪懐胎信徒団の修道女たちが身をよせていた。

修道院

郊外にあるこの修道院は13世紀に創設され、1607〜1612年にかけて、建築家ミゲル・デ・セラヤによってほぼ完全に再建された。また、1718年（入口内側の鴨居に日付が刻まれている）にも大規模な工事が行われている。ファサードは小鐘楼のある簡素な構造で、中央の半円形のニッチに聖クララ像がある。聖堂内は明らかに中世期の建物だが、何度も改修が行われるうちに構造が驚くほど変化し、身廊の向きが変わり、控え壁がむきだしになった。

聖堂内にはさまざまな興味深い芸術品があるが、最も有名なのは、十字架にかけられたキリスト像だ。

現在は修道女が17人、内7人はメキシコのチアパス州出身。生計を維持するため、修道女はミサで使うホスチアやおいしいパン デ アンヘル（天使のパン）をつくっている。

これは、1500年ごろに制作されたスペイン フランドル様式の像である。同様に、聖フランシスコ・ザビエルの姉の遺骸が納められた石棺も有名だ。

禁域には16世紀の回廊の一部が保存されているほか、レルマ（カスティーリャ イ レオン州ブルゴス県）由来の、揺りかごに入った幼子イエス像など、貴重な作品が保管されている。主祭壇のニッチのひとつには、聖クララ像がまつられている

アーティチョークのオムレツ

Tortilla de alcachofas
トルティーリャ デ アルカチョファス

材料

— 卵　　　　　　　　　　　　　　4個
— アーティチョーク　　　　　6〜8個
（大きさ次第で適量）
— オリーブ油
— 塩
— 粉コショウ
— イタリアンパセリ（フレッシュ）
— レモン

調理法

- アーティチョークの茎、穂先を切り、外側の緑色の皮をむく。縦に半分に切り、黒ずまないようにレモン汁をしぼりかける。
- フライパンを火にかけ、アーティチョークにかぶるくらいにオリーブ油を入れて、外側の皮に焼き色がつき始めるまで中火で揚げる。
- ボウルで卵を溶き、塩コショウ、イタリアンパセリと、油を切ったアーティチョークを加える。卵とよく混ぜる。
- フライパンでアーティチョーク入りの卵を焼き固める。皿を使ってひっくり返し、両面を焼く。

聖エングラシア風 ひき肉とジャガイモの包み揚げ

Pastelitos de santa Engracia
パステリートス デ サンタ エングラシア

材料

— ひき肉　　　　　　　　　　　250g
— ジャガイモ　　　　　　　　　1kg
— 卵　　　　　　　　　　　　　3個
— 生クリーム　　　　　　　大さじ3
— オリーブ油、塩
— 小麦粉（衣用）

調理法

- ジャガイモは皮がついたまま丸ごと、塩を少々加えてゆでる。皮をむき、裏ごし器でつぶす。ミキサーにかけると細かくなりすぎるので使わない。
- 裏ごししたジャガイモに、溶き卵2個と料理用生クリーム大さじ3を加える。
- ひき肉をフライパンで、少々のオリーブ油と塩で軽く炒める。
- つぶしたジャガイモをスプーンを使って細かく分けていく。最初丸めておいてから、あとで軽くつぶす。その真ん中に炒めたひき肉を小さなスプーンでのせ、ジャガイモでくるむ。手のひらの上で転がして団子にする。
小麦粉と溶き卵にくぐらせ、十分に熱したたっぷりのオリーブ油で揚げる。熱いうちに盛り付ける。

ナバラ

サン サルバドール デ レイレ修道院
Monasterio de San Salvador de Leyre

立地と起源

　サン サルバドール デ レイレ修道院は、現在のイェサの町の高台にある。州都パンプローナから52キロ、ハカの町を通るカミーノ デ サンティアゴの支道——アラゴン川沿いの、巡礼者たちがカミーノ フランセス（フランス人の道）と呼ぶ道の途中である。この場所に創設されたのはかなり古い時代で、9世紀にはすでに、信頼できる資料にこの修道院に関する記述がある。その年代記には、848年にコルドバの聖エウロヒオがレイレ修道院を訪れたと記されている。

　9世紀から10世紀にかけて、レイレはイスラム教徒による侵略の影響を受け、920年にはコルドバの初代ウマイヤ朝カリフ、アブド・アッラフマーン3世の軍隊がすぐそばまで迫った。軍は続いてパンプローナに攻め入り、住民は避難した。先を見通し、ナバラの宮廷は防御がしやすい高台にあるレイレ修道院へ居を移し、そこを文化および政治の重要拠点とした。その状態が10世紀、さらに11世紀の終盤まで続くことになる。

レイレ修道院最大の見どころは、ロマネスク様式の頑丈な柱があるクリプタ（左の写真）。下の写真は、近くのレイレ山から見た修道院の全景。右のいちばん下の写真は、回廊を飾るロマネスク様式の柱頭

レイレの櫃

レイレの櫃は、イスラム スペイン様式の象牙の箱。1004〜1005年（ヒジュラ歴395年）、名工ファライとその弟子によって、アル・マンスールの息子アブド・アル＝マリクのためにコルドバでつくられた。聖ヌニロと聖アロディアの聖骨箱としてレイレ修道院に保存されていたことから、「アルケタ デ レイレ（レイレの櫃）」と名づけられた。宮廷人、狩猟や馬上試合の場面、動物などが描かれている点からわかるように、本来は宮廷で使うものだが、現在はナバラ博物館の所蔵品となっている。

聖堂内には後期ゴシック様式の格子があり、その陰にナバラ王国初期の王の霊廟がある。そこには、パンプローナ（ナバラ）王イニゴ・アリスタ、ガルシア・イニゲス1世、「独眼王」フォルトゥン・ガルセスの亡骸が安置されている

初期ロマネスク様式

細長い窓がついた3つの堅固な区画からなる、いわゆる"プラサ デ ロス アブシデス（アプスの広場）"といい、太い無骨な柱とアーチで構成される初期ロマネスク様式のクリプタ（地下礼拝堂）といい、訪れる者にとってレイレは驚きの連続である。クリプタは聖堂のカベセラとともに1057年に聖別された。

もうひとつの見どころが聖堂、特にロマネスク様式のカベセラと中央の広大な身廊だ。この身廊もロマネスク様式で、最初は木の天井があったはずだが、今は14メートルの幅をひとつのアーチで覆うゴシック様式の美しいヴォールトが露出している。

宿泊所

レイレ修道院は、院内外にふたつの宿泊所をもつ。院内宿泊所は禁域にあり、祈りと修道生活に身近に触れ、数日間の精神修養をしたい男性のみが対象。個室が10室、集会用の小部屋が1室、祈祷室が1室あり、美しく神秘的な自然環境に囲まれている。一方、外の宿泊所オスペデリア デ レイレは、小ぢんまりとした居心地の良いホテル同様であり、32の客室はすべてセントラルヒーティング、バス トイレ、Wi-Fi完備。ペットの持ち込みはできない。

サン サルバドール デ レイレ修道院

アーティチョークの煮込み

Alcachofas en salsa
アルカチョファス エン サルサ

材料

— アーティチョーク(中) 10個
— ニンニク 4片
— 白ワイン 1/4カップ
— イタリアンパセリ
— エキストラバージンオリーブ油
— 塩

調理法

- アーティチョークの外側の皮をむき、穂先を切り、半分に切って、切った面を上にしてフライパンに入れる。
- ニンニクの皮をむき、あまり小さすぎないように切る。イタリアンパセリを刻む。ニンニクとパセリを混ぜ、アーティチョークに振りかける。
- 塩を振り、白ワインを加え、水をかぶるくらいに入れる。ふたをして沸騰させる。
- アーティチョークをフォークで突いてみて、軽く通るようになるまで火にかけておく。
- ゆでたスープと、エキストラバージンオリーブ油をかけて盛り付ける。汁気をきっちり切ったものなら、どんな肉や魚料理にも理想的な付け合わせになる。

仔羊肉の香草シチュー

Añojo estofado
アニョホ エストファード

材料

- 仔羊肉（アニョホ*1）の角切り　　　1kg
- オリーブ油　　　　　　　　　　100mℓ
- タマネギ（中）　　　　　　　　　2個
- ニンニク　　　　　　　　　　　　2片
- 白ワイン　　　　　　　　　　1/2カップ
- ビネガー　　　　　　　　　　　大さじ2
- ローリエ　　　　　　　　　　　　1枚
- ニンジン　　　　　　　　　　　　2本
- ジャガイモ（中）　　　　　　　　4個
- パプリカ粉　　　　　　　　　　　少々
- ナツメグ　　　　　　　　　　　　少々
- ローズマリー　　　　　　　　　　1枝
- 塩

*1　アニョホ añojo とは生後1年前後の仔羊。ラムとマトンの中間。

調理法

- 圧力鍋にオリーブ油100mℓを入れ、底に細切りにしたタマネギをしきつめる。その上に肉を並べ、さらにその上に、タマネギ、肉と層にして入れていく。
- ジャガイモの皮をむいて洗い、ひとくち大に切る。ニンジンも皮をむいて洗い、薄すぎない輪切りにする。切ったジャガイモ、ニンジンと、その他の材料をすべて圧力鍋に入れ、塩をふる。水をひたひたに入れる。
- 圧力鍋にふたをし、蒸気が出始めてから30分火にかけておく。30分したら、蒸気を抜いてふたを開け、塩で味付けをして、ローリエの葉とニンニクは取り除く。熱々で盛り付ける。

バスク

サンタ クララ デ ゲルニカ修道院
Santa Clara de Gernika

立地と起源

　ビスカヤ県ゲルニカのサラスピ地区、カサ デ フンタス（バスク議事堂）とゲルニカの木の向かいに、15世紀初頭に礎石が置かれたその古い建物は立っている。

　この修道院は、助修女の修養の場として1422年に創設された。当初、ここに暮らす女性たちは聖フランシスコの第三会の会則に従っていたが、1618年に修道の誓いを立て、聖クララ会から（女子）修道院長を迎え入れて聖クララ会の会則に従っ

聖堂の中心的位置を占める、二段構成の簡素なレタブロ。上段の中央には聖クララ像、下段には聖櫃を守るようにイエスの像とマリアの像が置かれている

　サンタ クララ修道院は、巡礼路の真ん中、いわゆるカミーノ デル ノルテ（北の道）の途中にある。かつてカンタブリアの港から上陸した巡礼者たちがたどった道だ。ゲルニカからサンティアゴ デ コンポステーラまでは、さらに700キロの道のりを歩かなければならない。

ていきたいとカンタブリア管区に願い出た。こうして1619年9月16日、サンタ クララ デ ゲルニカ修道院としての正式な創設式が行われた。

聖堂と修道院

現在クララ会の修道女たちが居住する建物は1880年に建てられ、修道院の部分と、壁を接して隣り合う聖堂とに分かれている。

聖堂は19世紀末の教会法に則り、エレニョ産の赤い石灰岩を用い、新中世様式で建てられた。2層構造の建物にドームのついた鐘楼が載っている。聖堂内には身廊がひとつ、その横に広い礼拝堂がある。聖堂へは、四角い柱を土台とした半円アーチが並ぶ柱廊玄関から入る。2階部分に連なる半円アーチのうちふたつは、それぞれ三角形のペディメントを戴いている。そして、このシンメトリックなファサードの中心軸上に、8つの側面をもつ塔がそびえる。暗い灰色に塗られたその塔は、建物全体のなかで異彩を放つ。

修道院内には、この写真のような一角があり、院内の美術品が展示されている

現在の修道会

現在、10人前後の修道女が、修道院長マリア・テレサ・ゲリカベイティアの指導のもと、祈りを捧げるかたわら刺繍の作業に励んでいる。

ゲルニカの木

ゲルニカの木は、バスク人のルーツと伝統を象徴するオークの木だ。その昔、ビスカヤ地方の領主たちはこの木の下で総会を開いた。そして現在は、レンダカリ(バスク自治政府の首長)が就任の宣誓をする場所となっている。最も古い木は、14世紀の文書に登場する。次いで「アルボル ビエホ(古い木)」と呼ばれる木が1742年に植えられ、1860年に除去された。現在の木は、1860年に植えられた木が2004年に枯れたあとに植えられたもの。枯れた木の代わりに、そこから芽吹いた苗木が2005年2月25日に移植された。

修道院所有の菜園と庭園があり、修道女たちはフルーツや野菜を収穫し、そこに咲く花を祭壇に飾る

サンタ クララ デ ゲルニカ修道院

ジャガイモの肉詰め

Patatas rellenas
パタータス レジェーナス

材料

— ジャガイモ（中）　　　4個
— ひき肉　　　　　　　300g
— チャイブ　　　　　　　2本
— つぶしたトマト　　　　1kg
— ニンニク　　　　　　　3片
— エキストラバージンオリーブ油
— 塩
— 砂糖
— コショウ
— オレガノ
— イタリアンパセリ

調理法

- トマトソースをつくる。チャイブ1本とニンニク3片をみじん切りにし、オリーブ油をひいたカスエラ鍋で炒める。つぶしたトマトと、塩少々、砂糖少々を加える。25分火にかけたら、ミキサーで細かくする。
- もうひとつのチャイブを細かく刻み、オリーブ油をひいたフライパンでじっくり炒める。焼き色がついたら、ひき肉と、オレガノ少々を加え、塩コショウしてさっと炒める。
- ジャガイモを洗って皿にのせ、ラップで覆う。ラップには、湯気を逃がすよう小さく穴をあけておく。電子レンジで16分（ひとつあたり4分）加熱する。崩れるのを防ぐために、ラップを取らずにそのまま5分置いておく。
- ジャガイモそれぞれに縦横の十字形に切れ目を入れ、そこに炒めたひき肉を詰める。それぞれに、つくったトマトソースと、刻んだイタリアンパセリ、また好みで粉チーズをかける。冷めたようなら、もう一度電子レンジで温める。

メルルーサのスペイン風天ぷら

Merluza albardada
メルルーサ アルバルダーダ

材料

— メルルーサ　　　　　　　　2切れ
— 小麦粉
— 卵　　　　　　　　　　　　1個
— ベーキングパウダー　　　大さじ1/2
— 塩
— オリーブ油

調理法

- 魚屋にメルルーサの切り身の骨と皮を取る下処理を頼んでおく。切り身を大きすぎないように切り分ける。
- 卵を溶き、ベーキングパウダーを加えて、さらに2分ほどかき混ぜつづける。
- 小麦粉をふるった皿を用意する。メルルーサに軽く塩を振り、小さく切った身それぞれを、まず小麦粉、次に溶き卵の順にくぐらせる。これを2回繰り返して、衣を厚くする。
- 深いフライパンにたっぷりのオリーブ油を熱し、衣をつけたメルルーサを揚げていく。レモンやマヨネーズ、あるいはサラダなどを添えて、熱いうちに盛り付ける。

バスク

サンタ クララ デ サラウツ修道院
Santa Clara de Zarautz

立地と起源

サンタ クララ デ サラウツ修道院は、ギプスコア県の海沿いの町サラウツにある。聖堂と修道院、果樹園からなるこの修道院は、もともとは町のはずれに位置していた。切り石を材料とした堅固で簡素なたたずまいは、托鉢修道会であるフランシスコ会の建物にふさわしい（クララ会はフランシスコ会の女子修道会）。創設者マリア・アナ・デ・サラウツ・イ・ガンボアは、1611年にふたりの娘とともに修道生活に入った。1618

上の写真は、修道院と隣接する果樹園の全景。下の写真では、主祭壇の中心を占める聖クララ像と、その両隣に並ぶ幼子イエスを抱く聖ヤコブ、幼い聖母マリアを連れた聖女アンナの像、さらに両端に置かれた聖母マリアと聖フランシスコの像が見える

～1625年にこの修道院が建てられるまでのあいだ、レルマ出身の修道女たちはマリアとともに、サラウツの領主であるサラウス家が所有するナロス宮殿で暮らしていた。これが、ギプスコア県に創設された最初のクララ会修道院となった。

堅固な建築様式

サラウツ修道院は、簡素な建材で地味な外観をしており、ファサードは見るからに開口部よりも壁面が多い。1656年にミゲル・デ・エスナオラによって建てられた初期バロック様式の聖堂は、外側に扶壁をもつ切り石積みの建物である。

ファサードの上部には、3つの開口部をもつ小鐘楼があり、扉口の上にあるニッチには聖クララ像が置かれている。聖堂のプランはラテン十字形、横幅は広く奥行きの浅いクロッシングをもつ。身廊の3つの区画と礼拝堂は、角柱を土台とするアーチに支えられた半円筒形ヴォールトに覆われている。クロッシングの上には丸いドームがあり、それを側面のアーチが支えている。装飾はじつに簡素で、外壁の三分の二ほどの高さにめぐらせた石の胴蛇腹のほかは何もない。

主祭壇の中央にある18世紀のレタブロは4本のソロモンの柱で3つに区切られ、最上部には半円形のアティックがある。中央の区画には聖クララの像が置かれ、その両脇には、それぞれ2本の柱に挟まれる形で、聖ヤコブの像と幼い聖母マリアを連れた聖女アンナの像がある。上のアティックの部分に、両脇に天使の絵が描かれ、真ん中には聖ヨハネと聖母マリアの絵を背景に、十字架の道行きの場面を示す磔刑のキリスト像がある。参拝者側から見て手前には、小さめのレタブロがふたつ置かれている。中央のレタブロよりも少し古い時代のもので、聖母マリアと聖フランシスコの像が飾られている。1794年、フランス軍の侵攻を受けて修道院の建物全体が壊滅的な被害を受けた。そのため、修道女たちは戦闘が終わるまでビルバオに転居しなければならなかった。現在、修道女はわずか7人、その多くが高齢に達している。

ここに保存されているビルヘン ドルミーダ（眠れる聖母）は、原寸大の横臥像。毎年8月15日には聖体行列で運ばれる。それに先立ち聖堂に展示されるあいだ、信徒たちは像の足にキスをすることができる。

建物は長い歴史のなかで何度も改修され、1985年には大改修が行われた

サンタ クララ デ サラウツ修道院

「老いた雌鶏」のコロッケ

Croquetas de gallina vieja
クロケータス デ ガジーナ ビエハ

材料

— 鶏もも肉　　　　　　　　　1本
— 卵　　　　　　　　　　2〜3個
— タマネギ　　　　　　　　　1個
— ポロネギ　　　　　　　　　1本
— ニンジン　　　　　　　　　1本
— チャイブ　　　　　　　　　1本
— 小麦粉　　　　　　　　　135g
— 牛乳　　　　　　　　　500mℓ
— エキストラバージンオリーブ油
— 塩
— ナツメグ
— 小麦粉、溶き卵、パン粉

調理法

- 圧力鍋に、鶏もも肉と、ポロネギ、チャイブ、ニンジンを入れ、水と塩を加えて20〜25分火にかける。肉が柔らかくなったら、骨と皮を外して細かく切る。
小鍋に水と塩を入れて、卵を10分ほどゆでる。
- タマネギをみじん切りにし、オリーブ油を入れたカスエラ鍋で中火で炒める。小麦粉を加え、泡立て器でかき混ぜ、少し焼き色をつける。
牛乳を入れてよく混ぜ、かき混ぜながら同量の水も足す。弱火にしてこね、すりおろしたナツメグをふる。
このベシャメルソースに先の鶏肉と、刻んだゆで卵を入れる。よくかき混ぜて、弱火で20〜25分火にかける。この具を大皿にあけて冷ます。
- 具が冷めたら、切ってコロッケの形にする。小麦粉をつけ、卵とパン粉にくぐらせ、フライパンで十分熱した油で揚げる。
- 揚がったら、キッチンペーパーをひいた大皿にのせて余分な油を切る。

ご存じですか？

ベシャメルソースの発祥には何人かの料理人の名が挙げられる。なかでも最有力なのはルイ・ド・ベシャメイユ侯爵（1603〜1703）といえよう。テラノヴァ（現在のカナダ、ニューファンドランド島）へのタラ漁遠征事業の財務官であり、ルイ14世の名誉主任執事であった人物である。どうやら最初は、船で釣り上げ乾燥させたタラを、柔らかく食すために発明されたソースらしい。

ウサギのオーブン焼き

Conejo al horno
コネホ アル オルノ

材料

— ウサギ肉　　　　　　　　　1匹分
— トマト　　　　　　　　　　2個
— タマネギ　　　　　　　　　1個
— ピーマン　　　　　　　　　1個
— ニンニク　　　　　　　　　2〜3片
— タイム　　　　　　　　　　1房
— 白ワイン　　　　　　　　　1/2 カップ
— エキストラバージンオリーブ油
— コーンスターチ
— 水
— 塩

調理法

- タイムの枝から葉を取り、ナイフで細かく刻む。
- ウサギ肉に塩をふり、オーブン皿に入れてタイムをふりかけ、たっぷりのオリーブ油と白ワインをかける。オーブンに入れ180度で30分焼く。
- タマネギとニンニクをみじん切りにし、オリーブ油を少しひいたフライパンで炒める。細かく刻んだピーマンと、皮をむきタネを取ったトマトを加え、10〜15分火にかける。
- 焼いたウサギから出た肉汁を小鍋に入れて温め、水で溶かしたコーンスターチ少々を加えて泡立て器でかき混ぜ、好みの濃さのソースをつくる。
- 皿に先の炒めたトマトペーストを入れ、その上に焼けたウサギ肉をのせる。好みで、ローズマリーの枝や黒オリーブを添える。

バスク

アランサス修道院

Santuario de Arantzazu

立地と起源

　アランサス修道院は、アラバ県ビトリアにほど近い、自然豊かな田舎町オニャティにある。訪れる者の目には、崖からぶらさがるようにして岩だらけの土地に立っているかに見える。この修道院の起源は16世紀にさかのぼる。伝説によると、ロドリゴ・デ・バルザテギという羊飼いが羊の群れを連れて人里離れた土地を歩いていたとき、白いサンザシの木の上に聖母マリアの姿を見た。驚いたロドリゴは、「あなたがサンザシの木に？」（バスク語で「アランサス？」）と叫んだという。出現した聖母に、その場所に小さな教会を建ててほしいと告げられたロドリゴは、その言葉に従った。

　その素朴な教会は、次のようなものだった。「東西方向に2枚の平行壁があり、東端でもう1枚の壁と垂直に交わる。反対側には太い木の棒でできた柵があり、そこから壁に囲まれた内側が見える。屋根のふたつの斜面が合わさる部分には丸太が据えられ、そこから鐘がひとつ

プロジェクトに参加した芸術家と司教との意見の相違から、現在は聖堂の入口に座を占めるオテイサの十二使徒像は14年間も側溝に捨て置かれ、バステレチェアが絵画を手がけた地下礼拝堂は1985年まで完成しなかった。

アランサス修道院は、20世紀におけるバスク芸術の粋を集めている。たとえば、彫刻はホルヘ・オテイサ、地下礼拝堂の絵画はネストル・バステレチェア、アプスはカルロス・パスクアル・デ・ララ、ステンドグラスはシャビエル・アルパレス・デ・エウラテ、扉はエドゥアルド・チリーダの作品

吊られていた。中庭では、格子窓のそばに無骨な台があり、そこに雑然と並べられたさまざまなロウソクが燃えていた。そして小さな教会のカベセラには、粗石を積んだ高い台がつくられ、その上に聖母マリア像を置くニッチがあった」

1553年の使徒聖ヨハネの祝日の晩に火事が起き、教会は全焼した。火事はこのときばかりではなく、アランサス修道院は1622年と1834年にも大火事に見舞われた。

新アランサス

パブロ・ガミスの出資により1920年に新たな拡張計画が始動するが、資金不足から、わずか数年で頓挫する。アランサス修道院が現在の形を成しはじめたのは1950年。その年、新任のフランシスコ修道会管区長パブロ・レテは、新たに建設する建物のアイデアを公募した。

コンクールに応募した14の設計案のなかで最高点を取ったのが、フランシスコ・ハビエル・サエンス・デ・オイサとルイス・ラオルガの案だった。ところが、プロジェクトが動きだしてまもなく最初の論議が持ち上がる。新バシリカが伝統的な建築方式の枠を破ることになりそうだったからだ。そこへさらに、この案を強く擁護していたレテ神父の死去が重なり、着工が数ヵ月延期された。1955年8月30日、新バシリカはついに神の祝福を受け、一般に公開された。ところが、聖堂内の装飾に取りかかる段になって、新たな問題が浮上する。大司教もバチカンも、過度にアバンギャルドな設計を適切と見なさなかったのだ。ようやく設計案どおりに作業が完了したのは1962年のことである。

アランサスへの宿泊

以前、アランサス修道院には小さな宿泊所があり、フランシスコ会が運営し、数人の修道女が手伝っていた。しかし、その仕事に布教や祈りの時間を奪われるようになったため、修道会は宿泊所の運営を民間に委託することにした。こうして古くからの宿泊所は、独特な自然環境に囲まれた、46の客室をもつ快適なホテルに生まれ変わった。バスク州の中心に位置し、まわりの山々やアイスコリ＝アラツ自然公園の静けさと一体化したホテルである。

アランサス修道院

仔羊のチリンドロンソース煮

Cordero al chilindrón
コルデーロ アル チリンドロン

材料

— 仔羊肉（レチャル）	1kg
— タマネギ	1個
— ピーマン	1個
— ニンニク	4片
— トマト	2個
— ジャガイモ	3個
— チョリセロ	大さじ1
— 白ワイン	1カップ
— 水	1カップ
— 小麦粉	
— エキストラバージンオリーブ油	
— タイム	
— オレガノ	
— 塩、コショウ	

調理法

- タマネギ、ニンニク、ピーマンを細かく刻み、オリーブ油をひいた圧力鍋で炒める。皮をむいてさいの目に切ったトマトと、タイム1房を加える。
- 塩コショウした仔羊肉に小麦粉をまぶし、オリーブ油をひいたフライパンで焼く。炒めた野菜の鍋に仔羊肉を加える。
- 白ワインと水を加える。チョリセロも加え、塩で味をととのえる。鍋のふたを閉め、15分ほど火にかける。スープが薄ければ、水で溶いたコーンスターチを加える。
- ジャガイモの皮をむいて小さく切り、十分に熱したたっぷりのオリーブ油で揚げる。キッチンペーパーをひいた皿にひき上げて粗塩をふり、羊肉と混ぜる。

極上バスク風 カスタードプディング

材料

- 牛乳 200mℓ
- コーンスターチ 大さじ1/2
- 砂糖 大さじ3
- レモンの皮 1/2個分
- バター 少々
- 卵 1個
- 生クリーム 100mℓ
- ビスケット*1 2枚
- ラム酒 1ショット
- バニラビーンズ 1本

*1 ビスコッティ サヴォイアルディ──貴婦人の指とも呼ばれる、柔らかく甘いスポンジ風フィンガービスケット

調理法

- 生クリームと砂糖大さじ1をボウルに入れ、泡立て器で泡立てて、冷蔵庫に置いておく。
- カスタードクリームをつくる。カスエラ鍋に牛乳（少し残しておく）を入れ、バニラとレモンの皮1切れを加え沸騰させ、火からおろす。
- ボウルにコーンスターチを入れて残しておいた牛乳を少しずつ加える。ダマにならないようにかき混ぜる。鍋の方の牛乳も加えてよくかき混ぜ、砂糖大さじ2と、卵1を加え、よくかき混ぜる。
- ボウルでつくった液をカスエラ鍋に入れ直し、中火にかけ、とろみがつくまでかき混ぜつづける。バターを加えてよく混ぜる。このカスタードクリームをボウルにあけて、乾かないようにラップをかけて冷ます。
- フライパンに砂糖少々と水を入れ、ひと煮立ちさせて溶かしたら、火からおろす。ラム酒を皿に入れて、ビスケットを浸しておく。
- 型を2つ用意し、それぞれにまず泡立てた生クリームを入れる。その上に、半分に割ったビスケットをおく。そしてカスタードクリームを入れ、ラップをして冷蔵庫で冷やす。冷えたらラップを取り、表面に砂糖をふってバーナーで焼く（あるいはカラメルソースを加える）。好みでミントの葉などで飾る。よく冷やしていただく。

献立　ページ順

アーティチョークの詰め物	16	カプチン会風　卵のフライ	81
小エビのトルティーリャ	16	修道会風　インゲン豆とシバエビのクリームスープ	84
メルルーサとアサリのスープ	20	レバーの炒め物	85
パスタのスープ	21	ひとくちドーナツ　修道女の溜息	88
スペイン版マカロン　レブハイートス	24	スペイン風　リエット	89
ソコーロ風　マドレーヌ	25	ヤマウズラのマリネ	92
卵黄プリン　天国のベーコン	29	ラ マンチャ風　野菜の炒め煮	93
サンタクララ風　クッキー	29	白インゲン豆のサラダ	97
松の実のマジパン	32	ピーマンの野菜詰め	97
スペイン版　フレンチトースト	33	ラ マンチャ風　ヒヨコ豆のポタージュ	100
野菜のキッシュ	36	鳩肉の詰め物	101
仔羊の肉団子	37	シロス風　仔羊のシチュー	104
アラゴン風　レンズ豆のスープ	40	カボチャのポタージュ	105
ジャガイモとルリジサのシチュー	41	スペイン風パイ　聖ウイリアムの縄	108
クーランショコラ	44	仔羊のオーブン焼き	109
アナゴのシチュー	44	干しタラの肉団子	112
カサゴのパステル	48	ライスコロッケ	112
アストゥリアス風　白インゲン豆の煮込み	49	天使のひとくち　金糸瓜のジャム入りクッキー	116
地鶏とジャガイモの煮込み	52	サツマイモとアーモンドのクッキー	117
エッグベネディクト	53	白インゲン豆とアサリのスープ	120
メルルーサのリンゴ酒煮	56	スズキのロメスコソース	121
お米のミルクスイーツ	57	シトー会風　干しタラのムニエル	124
豚足の煮込み	60	イワシのパン粉焼き	125
野菜のトマトソースかけ	60	地鶏と手長エビのシチュー	128
メノルカ風　渦巻きパン	65	鳩肉の包み焼き	129
ヒヨコ豆と牛肉・鶏肉の煮込み	68	ポロネギのスープ	132
レバーの煮込み	69	インゲン豆と野ウサギのシチュー	132
ウサギのスパイス風味	72	パネジェッツ　カタルーニャ伝統菓子	136
仔山羊のスパイス風味	73	アンコウの焦がしニンニクソース	137
スペイン風　チーズケーキ	76	修道院風　パエリヤ	141
カンタブリア風　カステラ	77	洋ナシのワイン煮	141
修道士の焼きイワシ	80	イカスミのパエリヤ	144

バレンシア風　フルーツケーキ	144
バレンシア風　スポンジケーキ	148
バレンシア風　魚と野菜のマリネ	149
魚のシチュー	152
トマトと野菜のスープ	156
前夜祭（精進の日）のポタージュ	157
ユステ風　干しタラのグラタン	160
エストレマドゥーラ風　ホワイトガスパチョ	161
エストレマドゥーラ風　花型ドーナツ	164
ナスの詰め物トマトソースがけ	165
ベネディクト会風　ポタージュ	168
サンティアゴのケーキ	169
タコのガリシア風	172
豚ロース肉のパイ	173
ベルビスのクッキー	176
ベルビスのアーモンドクッキー	177
ムール貝のスープ	181
ニンニクと魚のスープ	181
アーティチョークのハムエッグ	184
修道士の耳たぶ　揚げ菓子	184
鱒のバルバネラ風	188
バルバネラ風　クアハーダ	189
仔羊のシチュー	192
ジャガイモのラ リオハ風	193
ウサギの香草蒸し焼き	197
修道院風　プディング	197
干しタラのトマト煮	200
アウグスト会風　ジャガイモのグラタン	201
牛の胃袋とヒヨコ豆の煮込み	204
聖者のドーナツ	205
オニオンスープ	208
チョコレートとビスケットのトリュフ	208
カリフラワーのグラタン	212
ココナッツクッキー	213
エンドウ豆とアーティチョークの白ワイン煮	216
キンメダイの蒸し焼き	217
クリスマスのローストチキン	220
修道女のスープ	221
修道院風　アナゴのシチュー	224
シトー会の栄光　ドーナツパイ	225
アーティチョークのオムレツ	228
聖エングラシア風　ひき肉とジャガイモの包み揚げ	228
アーティチョークの煮込み	232
仔羊肉の香草シチュー	233
ジャガイモの肉詰め	236
メルルーサのスペイン風天ぷら	237
「老いた雌鶏」のコロッケ	240
ウサギのオーブン焼き	241
仔羊のチリンドロンソース煮	244
極上バスク風　カスタードプディング	245

献立　50音順

アーティチョークのオムレツ	228
アーティチョークのハムエッグ	184
アーティチョークの詰め物	16
アーティチョークの煮込み	232
アウグスト会風　ジャガイモのグラタン	201
アストゥリアス風　白インゲン豆の煮込み	49
アナゴのシチュー	44
アラゴン風　レンズ豆のスープ	40
アンコウの焦がしニンニクソース	137
イカスミのパエリヤ	144
イワシのパン粉焼き	125
インゲン豆と野ウサギのシチュー	132
ウサギのオーブン焼き	241
ウサギのスパイス風味	72
ウサギの香草蒸し焼き	197
牛の胃袋とヒヨコ豆の煮込み	204
エストレマドゥーラ風　ホワイトガスパチョ	161
エストレマドゥーラ風　花型ドーナツ	164
エッグベネディクト	53
エンドウ豆とアーティチョークの白ワイン煮	216
「老いた雌鶏」のコロッケ	240
オニオンスープ	208
お米のミルクスイーツ	57
カサゴのパステル	48
カプチン会風　卵のフライ	81
カボチャのポタージュ	105
カリフラワーのグラタン	212
カンタブリア風　カステラ	77
キンメダイの蒸し焼き	217
クーランショコラ	44
クリスマスのローストチキン	220
小エビのトルティーリャ	16
極上バスク風　カスタードプディング	245
ココナッツクッキー	213
仔羊のオーブン焼き	109
仔羊のシチュー	192
仔羊のチリンドロンソース煮	244
仔羊肉の香草シチュー	233
仔羊の肉団子	37
仔山羊のスパイス風味	73
魚のシチュー	152
サツマイモとアーモンドのクッキー	117
サンタクララ風　クッキー	29
サンティアゴのケーキ	169
シトー会の栄光　ドーナツパイ	225
シトー会風　干しタラのムニエル	124
地鶏とジャガイモの煮込み	52
地鶏と手長エビのシチュー	128
ジャガイモとルリジサのシチュー	41
ジャガイモのラ　リオハ風	193
ジャガイモの肉詰め	236
修道院風　アナゴのシチュー	224

修道院風　プディング	197	バレンシア風　スポンジケーキ	148
修道院風　パエリヤ	141	バレンシア風　フルーツケーキ	144
修道会風　インゲン豆とシバエビのクリームスープ	84	バレンシア風　魚と野菜のマリネ	149
修道士の焼きイワシ	80	ピーマンの野菜詰め	97
修道士の耳たぶ　揚げ菓子	184	ひとくちドーナツ　修道女の溜息	88
修道女のスープ	221	ヒヨコ豆と牛肉・鶏肉の煮込み	68
白インゲン豆とアサリのスープ	120	豚ロース肉のパイ	173
白インゲン豆のサラダ	97	ベネディクト会風　ポタージュ	168
シロス風　仔羊のシチュー	104	ベルビスのアーモンドクッキー	177
スズキのロメスコソース	121	ベルビスのクッキー	176
スペイン版　フレンチトースト	33	干しタラのトマト煮	200
スペイン版マカロン　レブハイートス	24	干しタラの肉団子	112
スペイン風　チーズケーキ	76	ポロネギのスープ	132
スペイン風　リエット	89	鱒のバルバネラ風	188
スペイン風パイ　聖ウイリアムの縄	108	松の実のマジパン	32
聖エングラシア風　ひき肉とジャガイモの包み揚げ	228	ムール貝のスープ	181
聖者のドーナツ	205	メノルカ風　渦巻きパン	65
前夜祭（精進の日）のポタージュ	157	メルルーサとアサリのスープ	20
ソコーロ風　マドレーヌ	25	メルルーサのスペイン風天ぷら	237
タコのガリシア風	172	メルルーサのリンゴ酒煮	56
チョコレートとビスケットのトリュフ	208	野菜のキッシュ	36
天使のひとくち　金糸瓜のジャム入りクッキー	116	野菜のトマトソースかけ	60
トマトと野菜のスープ	156	ヤマウズラのマリネ	92
豚足の煮込み	60	ユステ風　干しタラのグラタン	160
ナスの詰め物トマトソースがけ	165	洋ナシのワイン煮	141
ニンニクと魚のスープ	181	ラ マンチャ風　ヒヨコ豆のポタージュ	100
パスタのスープ	21	ラ マンチャ風　野菜の炒め煮	93
鳩肉の詰め物	101	ライスコロッケ	112
鳩肉の包み焼き	129	卵黄プリン　天国のベーコン	29
パネジェッツ　カタルーニャ伝統菓子	136	レバーの煮込み	69
バルバネラ風　クアハーダ	189	レバーの炒め物	85

修道院名　ABC順

Abadía de Cañas	カニャス修道院	194
Abadía de Viaceli	ビアセリ修道院	82
Agustinas de Alcalá	アルカラのアグスティナス修道会	206
Clarisas de Lorca	ロルカのクララ修道女会	210
Clarisas de Santillana del Mar	サンティリャーナ デル マルのクララ修道会	74
Convento de las Descalzas Reales	デスカルサス レアレス修道院	202
Convento de Santa Engracia de Olite	サンタ エングラシア デ オリテ修道院	226
Convento de Santa María de Belvís	サンタ マリア デ ベルビス修道院	174
Monasterio de El Escorial	エル エスコリアル修道院	198
Monasterio de Fitero	フィテロ修道院	222
Monasterio de Guadalupe	グアダルーペ修道院	154
Monasterio de la Inmaculada	インマクラダ修道院	98
Monasterio de La Oliva	ラ オリーバ修道院	218
Monasterio de La Rábida	ラ ラビダ修道院	14
Monasterio de Montserrat	モンセラート修道院	126
Monasterio de Nuestra Señora de Loreto	ヌエストラ セニョーラ デ ロレート修道院	18
Monasterio de Pedralbes	ペドラルベス修道院	134
Monasterio de Piedra	ピエドラ修道院	42
Monasterio de Poblet	ポブレー修道院	118
Monasterio de Ripoll	リポル修道院	130
Monasterio de San Francisco	サン フランシスコ修道院	90
Monasterio de San Juan de los Reyes	サン フアン デ ロス レイエス修道院	94
Monasterio de San Julián de Samos	サン フリアン デ サモス修道院	178
Monasterio de San Marcos	サン マルコス修道院	106
Monasterio de San Pablo	サン パブロ修道院	86
Monasterio de San Salvador de Leyre	サン サルバドール デ レイレ修道院	230
Monasterio de Sancti Spiritus	サンクティ スピリトゥス修道院	114
Monasterio de Santa Clara	サンタ クララ修道院	110
Monasterio de Santa María la Real	サンタ マリア ラ レアル修道院	190
Monasterio de Santo Estevo	サント エステボ修道院	166
Monasterio de Silos	シロス修道院	102

Monasterio de Tentudía	テントゥディア修道院	162
Monasterio de Vallbona	バルボナ修道院	122
Monasterio de Valvanera	バルバネラ修道院	186
Monasterio de Veruela	ベルエラ修道院	34
Monasterio de Yuste	ユステ修道院	159
Monasterios de Suso y Yuso	スソ、ユソ修道院	182
Real Cartuja de Valldemossa	レアル カルトゥハ デ バルデモッサ修道院	58
Real Monasterio de la Trinidad	トリニダード王立修道院	150
Real Monasterio del Puig	プッチ王立修道院	142
San Clemente de Sevilla	サン クレメンテ デ セビーリャ修道院	30
San Jerónimo de Cotalba	サン ヘロニモ デ コタルバ王立修道院	146
San Juan de Corias	サン フアン デ コリアス修道院	50
San Juan de la Peña	サン フアン デ ラ ペーニャ修道院	38
San Pedro de Villanueva	サン ペドロ デ ビリャヌエバ修道院	54
San Sebastián de Hano	サン セバスティアン デ アノ修道院	78
Santa Catalina de Siena	サンタ カタリナ デ シエナ修道院	66
Santa Clara de Asís	サンタ クララ デ アシス修道院	70
Santa Clara de Gernika	サンタ クララ デ ゲルニカ修道院	234
Santa Clara de Moguer	サンタ クララ デ モゲル修道院	26
Santa Clara de Zarautz	サンタ クララ デ サラウツ修道院	238
Santa María de la Valldigna	サンタ マリア デ ラ バルディグナ修道院	138
Santa María de Valdediós	サンタ マリア デ バルデディオス修道院	46
Santa María del Socorro	サンタ マリア デル ソコーロ修道院	22
Santa María la Real de Oseira	サンタ マリア ラ レアル デ オセイラ修道院	170
Santuario de Arantzazu	アランサス修道院	242
Santuario de Caravaca de la Cruz	聖地カラバカ デ ラ クルス	214
Virgen del Toro	ビルヘン デル トロ修道院	62

食材の呼称

● 食材

本文の表記	別名
アーティチョーク	朝鮮アザミ
赤トウガラシ	タカノツメ
インゲン豆	アルビア
	モンヘーテ
	フディーア
エンドウ豆	ギサンテ
オレガノ	花薄荷
キャラウェイ	ヒメウイキョウ
コリアンダー	パクチー（生食）
コロランテ	食品着色料
ソフリート	野菜の調味料
チャイブ	西洋アサツキ
チョリセロ	干しパプリカ
チョリソ	豚肉と香辛料のきいたソーセージ
チリペッパー	辛口パプリカ粉
トマテフリート	スペイン風トマトソース
ニョラ	赤い干しパプリカ
パプリカ粉	甘口のピメントン
ピキーリョ	赤ピーマン
ヒヨコ豆	ガルバンソ
フェンネル	ウイキョウ
フダンソウ	アセルガ
ポロネギ	リーキ、西洋長ネギ
マジョラム	マヨラナ
モルシージャ	豚の血のソーセージ
レンズ豆	レンテハ
ローリエ	月桂樹の葉

● 分量のめやす

1カップ	200mℓ
大さじ	15mℓ
小さじ	5mℓ

訳者　あとがき

　本書は、2015年にスペインで刊行された『Atlas Ilustrado de la Cocina de Conventos y Monasterios』(Susaeta社刊) の全訳である。『スペイン修道院と厨房　歴史とレシピ』という邦題が示すとおり、「スペイン」、「修道院」、「料理」という三つの視点から楽しめる本書は、カトリックの国であるスペインのすべての州 (17州) を網羅し、59の修道院の成り立ちと現在の姿、そして100を超えるレシピを紹介している。

　多くの日本人にとって、修道院は未知の世界だ。石造りの厚い壁の内側では、いったいどんな生活が営まれているのだろうか。本書を読めば、スペイン各地の修道院の世界、修道士や修道女の知られざる日常の一端を垣間見ることができる。本書には「祈り、そして働け」というモットーが何度か登場するが、その言葉どおり、彼らは神に祈りを捧げながら、生活の糧を得るための労働にも従事しているのである。

　そのひとつが、お菓子づくりだ。「修道女の溜息」(p.88)、「天使のひとくち」(p.116)、「修道士の耳たぶ」(p.184) など、いかにも修道院らしい呼び名をもつお菓子がある。

　だが本書の大きな特徴は、通常の修道院レシピ本とは違って、お菓子以外の料理にも着目している点にある。7～9ページに列挙された料理名を眺めるだけで、いったいどんな料理なのだろうかと想像が膨らむ。「修道士の焼きイワシ」(p.80)、「修道会風インゲン豆とシバエビのクリームスープ」(p.84)、「アウグスト会風ジャガイモのグラタン」(p.201)、「修道女のスープ」(p.221)……。修道院風の名前がついていない料理、たとえば「アンコウの焦がしニンニクソース」(p.137)、「子羊のチリンドロンソース煮」(p.244) にも抗しがたい魅力がある。

　そしてレシピを詳しく見てみると、どれもスペイン料理、それも修道院の料理なのに、日本でも手に入るか、あるいは簡単に代用できそうなものでつくれることがわかる。それぞれ特徴のある修道院に思いをはせながら、各修道院の名物料理を実際につくり、食べてみる楽しみは、本書ならではと言えるだろう。

　また、修道院の解説文を読んでみると、中世の修道院は旅行者の宿泊施設も兼ねていたこと (当時はまだ、いわゆるホテルはなかった)、修道会は「新世界」への遠征の最前線だったこと (大西洋の向こうからやってくる新しい野菜を、スペインで初めて栽培したり使用したりしたのも修道院だった)、修道院は多くの場合、貴族と密接な関係があったこと (隠遁の場となったり、娘や未亡人の避難所となっていた) などがわかる。そうした点が、修道院で洗練されたレシピが生まれるきっかけとなったのは興味深い。

　翻訳にあたっては、丸山永恵がレシピのページを、五十嵐加奈子が修道院の説明ページを担当した。一人でも多くの方に本書を楽しんでいただければ幸いである。

　最後に、修道院という興味深い分野に触れる機会を与えてくださった原書房の永易三和さん、翻訳会社リベルのみなさん、そして訳文に関するアドバイスをくれ、「祈り、そして訳せ！」と励ましてくれた親友の湯原康子さんに心からお礼を申し上げたい。

2016年3月
五十嵐加奈子

謝辞

カルロス・ペレス（テネリフェ教区広報課）、ゲルニカ聖クララ会、ロルカ聖クララ会、サラウツ聖クララ会、サンタ エングラシア デ オリテ修道院、ダニエル・ベニート・ヘオルリッチ（ラトリニダード修道院本文）、レトラタ フォトスタジオ、ファビアン・アルバレス（prodesin.com）、フランシスコ・ケサーダ・ロドリゲス（セビリア*ABC*）、フランシスコ・カストロ修道士（ビアセリ大修道院）、ホセ・ルイス・ペレス修道士（サモス修道院）、ミゲル修道士（ララビダ修道院）、エル プッチ観光案内所（www.elpuigturistico.es）、ホセバ・ラウ（インフォグラフィック）、フアン・ペイロ（国営パラドール）、ルイス・レルド・デ・テハーダ、マリア・ホセ・ルイス・レベルテ、マリオ・バルバストレ・ペレス（サン ヘロニモ デ コタルバ王立修道院）、パウラ・カジェハ（アムプレクス財団）、ラファエル・ベネガス（ザ ビット メイカーズ社）、シャッターストック社、コンセプシオン修道女（サンティリャーナ デル マル聖クララ会修道院）、ドロレス修道女（サンクティ スピリトゥス修道院）、マリア・エステル・ヘルマン修道女（カーニャス大修道院）、マリア修道女（ラ インマクラーダ修道院）、ナバラ観光局、バレンシア観光局、123rf 社

監修	Isabel Ortiz
編集制作・デザイン	Arga Ediciones
文章	Equipo Arga Ediciones
校正	Carmen Blázquez
DTP	Patxi Leoz (iLUNE)
許諾	Miguel Ángel San Andrés

翻訳

五十嵐 加奈子 *Kanako Igarashi*
東京外国語大学スペイン語学科卒。訳書に『ピンポン外交の陰にいたスパイ』（柏書房）、『365通のありがとう』（早川書房）、『レゴブロックの世界』（東京書籍）、『スペインワイン図鑑』（原書房）などがある。

丸山 永恵 *Hisae Maruyama*
東京外国語大学スペイン語学科卒。TVドキュメンタリー番組のディレクターとして長年活動したのち、スペイン語・英語の通訳案内士。訳書に『チェ・ゲバラの政治思想』(IFCC出版会) などがある。

翻訳協力　株式会社 リベル

ATLAS ILUSTRADO DE
LA COCINA DE CONVENTOS Y MONASTERIOS
Copyright : SUSAETA EDICIONES, S.A.
Author : Susaeta Team

© SUSAETA EDICIONES, S.A. - Obra colectiva
C / Campezo, 13 - 28022 Madrid
www.susaeta.com

Japanese translation rights arranged with
SUSAETA EDICIONES, S.A.
through Japan UNI Agency, Inc.

スペイン修道院の食卓

2016年4月24日　第1刷

編集　スサエタ社

訳者　五十嵐 加奈子、丸山 永恵

装丁　川島 進

発行者　成瀬 雅人
発行所　株式会社 原書房

〒160-0022 東京都新宿区新宿 1 -25-13
電話・代表　03-3354-0685
http://www.harashobo.co.jp　振替　00150-6-151594
印刷・製本　中央精版印刷株式会社

© Liber　© Hara-Shobo　2016
ISBN 978-4-562-05291-2　Printed in Japan